Gradle Recipes for Android

그레이들 레시피

| 표지 설명 |

책 표지에 등장하는 동물은 큰포투쏙독새$^{Great Potoo}$(학명 Nyctibius grandis)로, 이 범상치 않은 생물은 중앙 및 남부 아메리카의 습한 삼림지에 서식한다. 큰포투쏙독새는 18인치에서 24인치에 이르는 큰 새로 평균 날개 너비가 29인치에 달한다. 외모는 다소 올빼미 같이 생겼으며 큰 대가리와 커다란 주둥이, 어마어마한 노란 눈을 자랑한다. 깃털은 얼룩덜룩한 밝은 갈색과 회색이며 나무껍질에 대한 위장색을 가지고 있다. 큰포투쏙독새는 가지에 걸터앉아 낮에는 휴식을 취하고 밤에는 먹이를 사냥하기 위하여 기다린다. 주식은 날아다니는 큰 곤충이며 때때로 박쥐도 먹는다. 홀로 행동하며 찾기 힘들어서 큰포투쏙독새의 번식 습성은 거의 알려지지 않았다. 일 년에 한 개의 알을 낳는데, 둥지가 아니라 지상으로부터 30피트 이상 높은 곳의 나뭇가지에 낳는다. 큰포투쏙독새는 밤 동안 목 뒷부분에서 나오는 울림으로 지저귄다. 이 잊을 수 없는 독특한 소리 때문에 많은 민간 전설에 등장한다. 어떤 사람은 애처로운 울음소리를 주술사 딸의 실연에 찬 구슬픈 울음으로 해석하기도 하고 다른 이는 새의 노래가 죽은 자의 메시지를 소환한다고 상상한다.

오라일리 책 표지에 등장하는 많은 동물은 멸종 위기에 처해있다. 그들은 모두 이 세계에서 중요하다. 이 동물들은 돕고 싶다면 animals.oreilly.com을 방문해 보기 바란다.

표지의 그림은 라이데커^{Lydekker}의 『Royal Natural History, Volume 4』와 도버 사진 저장소$^{Dover Pictorial Archive}$에서 발췌하였다.

그레이들 레시피 : 안드로이드 빌드 시스템 Gradle 실무 안내서

초판발행 2016년 12월 9일

지은이 켄 커즌 / **옮긴이** 유동환 / **펴낸이** 김태헌
펴낸곳 한빛미디어(주) / **주소** 서울시 마포구 양화로7길 83 한빛미디어(주) IT출판부
전화 02-325-5544 / **팩스** 02-336-7124
등록 1999년 6월 24일 제10-1779호 / **ISBN** 978-89-6848-709-5 93000

총괄 전태호 / **책임편집** 김창수 / **기획 · 편집** 정지연
디자인 표지 김연정, 내지 여동일, 조판 최송실 / **제작** 박성우, 김정우
영업 김형진, 김진불, 조유미 / **마케팅** 박상용, 송경석, 변지영

이 책에 대한 의견이나 오탈자 및 잘못된 내용에 대한 수정 정보는 한빛미디어(주)의 홈페이지나 아래 이메일로 알려주십시오. 잘못된 책은 구입하신 서점에서 교환해 드립니다. 책값은 뒤표지에 표시되어 있습니다.

한빛미디어 홈페이지 www.hanbit.co.kr / **이메일** ask@hanbit.co.kr

지금 하지 않으면 할 수 없는 일이 있습니다.
책으로 펴내고 싶은 아이디어나 원고를 메일(writer@hanbit.co.kr)로 보내주세요.
한빛미디어(주)는 여러분의 소중한 경험과 지식을 기다리고 있습니다.

Gradle
Recipes for
Android

그레이들 레시피

O'REILLY® | H 한빛미디어
Hanbit Media, Inc.

지은이 · 옮긴이 소개

지은이 켄 커즌 Ken Kousen

독립 컨설턴트이자 강사로, 주 분야는 안드로이드^{Android}와 스프링^{Spring}, 하버네이트^{Hibernate}, 그루비^{Groovy}, 그레일스^{Grails}, 그레이들^{Gradle}입니다. 그는 수많은 기술 관련 학위를 보유하고 있는데, MIT(매사추세츠공대)에서 수학과 기계항공우주공학 학사, 프린스턴 대학교에서 항공우주공학 석사와 박사 학위를 취득하였으며 RPI(렌셀러폴리테크닉대)에서 컴퓨터공학 석사 학위를 받았습니다.

옮긴이 유동환

생각을 즐기는 프로그래머로, LG전자에서 안드로이드 앱을 개발하고 있으며 2016년 첫 책인 『안드로이드를 위한 Gradle』(한빛미디어)을 집필하였습니다. 유동의 브런치(https://brunch.co.kr/@yudong)와 페이스북 그룹 책쓰는프로그래머협회(https://www.facebook.com/groups/techbookwriting/)를 운영 중이고, 자바카페와 JCO(한국자바개발자협의회)에서 수년간 활동하였습니다. 연세대학교 정보대학원에서 경영정보학을 전공하였고, 『Professional Java Web Services』(정보문화사, 2002)를 공역하였습니다.

옮긴이의 말

그레이들과 안드로이드 스튜디오를 처음 접하게 된 것은 2014년인데, 당시에는 이 둘을 많이 사용하지 않았습니다. 저도 적응하는 데 3개월 정도 걸렸습니다.

이 책의 구성은 매우 신선합니다. 보통 그레이들 관련 서적은 먼저 안드로이드 스튜디오^{Android} ^{Studio}라는 IDE를 기존의 이클립스^{Eclipse}와 비교하여 무엇이 다른지 설명하고 그레이들을 구성하는 기본 개념을 다룹니다. 그래야 빌드 스크립트(build.gradle 파일)가 프로젝트 build.gradle 파일과 모듈 build.gradle 파일로 나뉘는 이유, 프로젝트에 새롭게 추가하고 싶은 라이브러리를 '저장소^{Repository}'라는 개념을 통하여 추가하는 방법을 체계적으로 이해할 수 있기 때문입니다.

하지만 이 책은 첫 장에서 앞의 내용을 바로 실행해보기를 권합니다. 그래서 요리법을 뜻하는 '레시피^{Recipe}'라고 하는 것 같습니다. 가장 많이 사용하는 내용을 먼저 따라 해보고 그다음 세부적인 내용을 이해해나가는 방식입니다.

주변 개발자들을 만나보니 그레이들의 개념을 잡지 않고 안드로이드 앱을 개발하여 build.gradle 파일이 불필요하게 복잡해지거나 무슨 내용인지 모르고 인터넷에서 그대로 짜깁기하고 있어서 매우 안타까운 마음이 들었습니다. 이 책으로 그레이들을 자유자재로 요리하여 안드로이드 애플리케이션 개발에 많은 도움이 되었으면 좋겠습니다.

마지막으로 즐겁게 번역할 수 있도록 도와주신 한빛미디어 여러분(특히 정지연 님)과 사랑하는 아내 지영에게 감사의 말을 전합니다.

유동환

추천의 말

우리가 원하던 책이 나왔습니다. 한창 『Head First Android Development』(오라일리, 2015)를 집필할 때 구글에서 새로운 공식 IDE를 발표하였습니다. 당시 대다수 개발자는 이클립스에 ADT^{Android Development Toolkit}를 설치하였습니다. 하지만 이제 구글은 안드로이드 개발자들에게 안드로이드 스튜디오^{Android Studio}로 전환하기를 지속해서 요청하고 있습니다.

우리는 이 같은 일에 익숙합니다. 대부분 기술 저자가 그렇지요. 소프트웨어 스타트업은 새롭고 빛나는 기술에 만족하지 않고 좀 더 새롭고 훨씬 더 빛나는 기술로 갈아타는 것에 익숙합니다. 이런 일은 항상 일어납니다. 샘플 코드를 다시 작성하고 이미지를 업데이트하고, 더는 사용하지 않는 기능을 제거하며 유용한 부분은 새롭게 받아들입니다. 이클립스에서 안드로이드 스튜디오로 전환하는 것이 남다른 이유는 새로운 IDE가 그 속에 강력한 엔진을 내장하고 있기 때문입니다.

안드로이드 스튜디오는 코드를 빌드하고 패키징하고 배포하는 데 그레이들을 사용합니다. 이름은 알고 있었지만, 우리 중 누구도 이전에 그레이들을 사용해보지는 않았습니다. 일종의 메이븐^{Maven} 같이 생겼지만, 장황한 XML 설정 파일은 존재하지 않습니다. 대신 견고하고 간결한 스크립트 언어인 그루비를 활용합니다.

우리는 책의 모든 스크린샷을 교체하고 이미 다 쓴 일곱 개가 넘는 챕터의 본문을 수정하고 남은 부분을 집필하였습니다. 그레이들로 애플리케이션을 작성하는 것은 미묘하지만 상당 부분 기존 방법과 다르다는 것을 곧 알 수 있었습니다. IDE에서만 할 수 있던 대부분 기능을 이제 명령창에서 실행할 수 있습니다. 이것은 빌드 파이프라인^{Build Pipeline}을 자동화할 수 있다는 것을 의미합니다. 키만 몇 번 누르면 라이브러리를 다른 버전으로 교체하고 제품 특성^{Build Flavors}도 적용할 수 있습니다. 또한, 모든 것이 코드로 이루어져 있어서 소스 코드를 작성하듯이 빌드 스크립트를 작성할 수 있습니다.

모든 안드로이드 개발자에게 그레이들을 배우는 것은 매우 중요합니다. 자바를 알거나 액티비티의 라이프 사이클을 이해하는 것과 마찬가지입니다. 그러나 시행착오를 통해서만 그레이들을 배우게 되면 때로는 너무나 고통스럽습니다. 그래서 이 책의 존재 가치가 생깁니다.

이 책에서는 흔히 발생할 수 있는 빌드 문제에 관하여 풍부하고 유용한 팁들을 제공합니다. 테스트 시스템을 설정하거나 APK를 서명하여 빌드하거나 빌드 파이프라인의 성능을 높이는 데 도움을 받을 수 있습니다. 저자의 살아있는 필체와 실질적인 예제는 이 책을 두고두고 다시 찾게 합니다. 이 책을 통하여 켄은 본인이 그루비 전문가일 뿐만 아니라 그레이들에도 일가견이 있음을 여지없이 보여주었습니다.

던과 데이비드 그리프스 Dawn and David Griffiths
『Head First Android Development』 저자

이 책에 관하여

이 책은 안드로이드 프로젝트에서 그레이들 빌드 시스템을 다루는 다양한 방법을 포함하고 있습니다. 그레이들은 자바 세상에서 애플리케이션을 빌드하는 가장 인기있는 도구이며 C++ 같은 다른 언어로 그 영역을 확대하고 있습니다. 구글의 안드로이드 팀은 2013년 봄에 그레이들을 우선적인 빌드 시스템으로 선정하였고 이후 꾸준하게 성장하고 있습니다.

그레이들이 그루비 생태계에서 탄생하였기 때문에 많은 안드로이드 개발자는 익숙하지 않을 수 있습니다. 하지만 그루비는 기존 자바 개발자라면 쉽게 배울 수 있습니다. 이 책의 목적은 그레이들을 활용하여 안드로이드 앱에 관한 빌드 작업을 할 수 있도록 돕는 데 있습니다.

모든 예제 코드는 안드로이드 SDK 23 기반이며[1] 에뮬레이터는 마시멜로(Android 6) 또는 롤리팝(Android 5.x)입니다. 안드로이드 스튜디오의 버전은 2.0 또는 2.1(베타)이며 포함된 그레이들은 2.10 또는 그 이후 버전입니다.

이 책을 읽기 전에

그레이들을 위한 안드로이드 플러그인을 사용하려면 자바와 그루비, 그레이들, 안드로이드에 관한 지식이 어느 정도 필요합니다. 이 내용은 책 전반에서 나오므로 각각에 대하여 자세하게 다루지 못할 수도 있습니다.

이 책은 주로 안드로이드 개발에 익숙한 개발자를 대상으로 합니다. 안드로이드 개발 지식은 거의 제공하지 않으며 모든 예제의 소스 코드는 이 책의 GitHub 저장소에서 확인할 수 있습니다. 안드로이드를 이해한다는 것은 자바를 이해함을 의미합니다. 그래서 그에 관한 내용도 기본적인 것은 알고 있어야 합니다.

그루비나 그레이들에 관해서는 전혀 모른다고 가정하였습니다. 하지만 **부록 A**에서 그루비 문법과 활용에 관하여 요약하고 정리하였습니다. 그루비 개념은 책의 다양한 레시피를 거치면서 다시 나옵니다. **부록 B**에는 그레이들의 기본적인 정보가 나오지만, 본문에서는 레시피별로 그레이들을 자세하게 다루고 있습니다.

---

1 옮긴이주_2016년 10월 기준으로 SDK 25 버전으로 업데이트되었습니다.

이러한 한계점을 제외하면 이 책은 가능한 자체적으로 충분한 내용을 담으려고 구성하였습니다. 필요한 경우 외부 레퍼런스(특히 문서 링크)가 제공됩니다.

이 책에서는 안드로이드 스튜디오를 광범위하게 활용합니다. 안드로이드 스튜디오는 안드로이드 개발을 위한 공식 IDE입니다. 안드로이드 스튜디오는 그레이들을 위한 뷰와 도구들을 제공하며 자세한 내용은 각 레시피에서 소개하였습니다. 이 책이 안드로이드 스튜디오를 위한 책은 아니라서 꼭 필요한 내용만 소개되어 있지만, 이를 통해 IDE에 좀 더 익숙해지는 것도 좋을 것입니다.

이 책에서 사용한 용례

 팁이나 제안 사항을 나타냅니다.

 일반적인 메모입니다.

 경고나 주의사항을 나타냅니다.

예제 코드

이 책에서 제공하는 예제 코드는 다음 주소에서 다운로드할 수 있습니다.

- https://github.com/kousen/GradleRecipesForAndroid

감사의 말

Gradle사의 한스 독터[Hans Dockter]와 루크 달리[Luke Daley], 루즈 모하자비[Rooz Mohazabbi], 세드릭 캄푸[Cedric Champeau] 등 여러 명이 보여준 자애로운 도움과 원조에 감사합니다. 그들의 도움은 그레이들의 기술과 그 회사 모두가 전도유망함을 보여주는 이유입니다.

또한, 구글의 안드로이드 스튜디오 팀과 안드로이드 플러그인 프로젝트의 리더인 사비에 듀크 로헷[Xavier Ducrohet]에게도 감사의 마음을 전합니다. 그의 노력으로 IDE와 안드로이드 플러그인을 사용하는 게 즐거웠습니다. 그리고 그와 그의 팀이 온라인 문서를 최신 버전으로 충분히 업데이트하지 않음에도 감사합니다. 덕분에 이 책이 나올 수 있었습니다(전적으로 농담입니다. 하지만 지금이라도 최신으로 업데이트해준다면 누구도 마다하지 않을 것입니다).

No Fluff Just Stuff 콘퍼런스의 정회원으로서 그레이들과 안드로이드 관련 주제를 수년간 여러 번 발표할 수 있게 배려해준 제이 짐머만[Jay Zimmerman]에게도 감사합니다. No Fluff Just Stuff 연사 커뮤니티를 통하여 좋은 친구들을 만날 수 있었습니다. 다른 이름도 수십 명은 충분히 언급할 수 있지만, 특히 네이트 슈타[Nate Schutta]와 라주 간디[Raju Gandhi], 벤카트 슈바라마니암[Venkat Subramaniam], 닐 포드[Neal Ford], 댄 히노조사[Dan Hinojosa], 브라이언 슬레텐[Brian Sletten], 마이클 카두씨[Michael Carducci], 크레이그 월스[Craig Walls]는 꼭 언급하고 싶습니다. 다음 No Fluff Just Stuff 콘퍼런스에서는 이 글을 읽고 여기에 언급되지 않은 사람에 대해서도 들을 것입니다.

『Building and Testing with Gradle』(오라일리, 2011)의 저자인 메튜 맥컬루[Matthew McCullough]와 팀 버글런드[Tim Berglund]에게도 감사합니다. 두 분 모두 친절하고 도움도 많이 받았습니다. Gradle 시리즈에 이 책이 포함되어 영광입니다.

이 책의 리뷰어들은 책의 품질을 향상하는 데 큰 도움이 되었습니다. 특히 앤드류 레이츠[Andrew Reitz]와 제임스 하몬[James Harmon]에게 감사합니다. 이 책의 기술적인 통찰뿐만 아니라 가독성을 높이는 데 큰 도움이 되었습니다.

오라일리 출판사의 편집자인 메그한 발렌쉐[Meghan Blanchette]와 브라이언 포스터[Brian Foster]에게도 감사합니다. 메그한은 이 책을 시작하는 데 핵심적인 역할을 하였고 초창기에 편집을 담당하였습니다. 이후 브라이언이 맡아 나머지 출판까지 이끌어 주었습니다. 오라일리 출판사의 다른 담당자들에게도 감사합니다. 막연하게만 알고 있던 사실들을 구체화하여 최종적으로 출판하는 데 큰 도움이 되었습니다.

비록 표면상으로는 경쟁도서인 『Gradle for Android』(Packt, 2015)의 저자 케빈 펠그림[Kevin Pelgrims]에게도 감사합니다. 그의 책은 훌륭하고 나에게도 많은 가르침을 주었습니다. 이 책은 레시피 기반으로 『Gradle for Android』와는 다른 관점을 취하고 있고 새롭고 최신의 내용을 다룸에는 변함없지만, 그가 나와 같은 시도를 했다면 두 책 다 권할 수밖에 없을 것입니다.

무엇보다도 부인 진저[Ginger]와 아들 산더[Xander]에게도 감사합니다. 지난번 집필을 마치고 바로 이번 책을 집필하게 되어 미안한 마음을 전합니다. 아마도 새로운 책을 시작할 때까지는 여유 있는 시간을 함께 보내기를 약속합니다.

이 책을 읽어주셔서 감사합니다. 이 책이 여러분에게 유용했으면 좋겠습니다. 내용 오류나 빠진 내용은 모두 저의 책임입니다.

CONTENTS

CHAPTER **1** **안드로이드를 위한 그레이들 기초**

CHAPTER **2** **프로젝트 가져오기부터 릴리스까지**

CHAPTER 1

안드로이드를 위한 그레이들 기초

안드로이드 애플리케이션은 그레이들^{Gradle} 빌드 시스템으로 빌드합니다. 그레이들은 쉽게 사용자 정의를 할 수 있는 최신 API를 제공하며 자바 진영에서 널리 사용합니다. 그레이들을 위한 안드로이드 플러그인은 안드로이드 애플리케이션에 특화된 많은 기능을 제공하는데, 예를 들어 빌드 타입^{Build Type}, 제품 특성^{Product Flavor}, 앱 서명에 관한 설정, 라이브러리 프로젝트 등이 있습니다.

이 책의 레시피들은 안드로이드 프로젝트에서 활용할 수 있는 그레이들의 다양한 기능을 소개합니다. 안드로이드 스튜디오^{Android Studio}는 내부적으로 그레이들을 사용하므로 몇몇 특별 레시피는 특히 이에 대하여 다룹니다. 바라건대, 이 책의 레시피가 여러분이 만드는 안드로이드 애플리케이션을 설정하고 빌드하는 데 큰 도움이 되었으면 좋겠습니다.

1.1 안드로이드를 위한 그레이들 파일

문제

새로운 안드로이드 애플리케이션을 만들었을 때 생성되는 그레이들 파일이 무엇인지 알고 싶다.

해결

안드로이드 스튜디오에서 새로운 안드로이드 프로젝트를 만들고 새롭게 생성되는 settings.
gradle, build.gradle, app/build.gradle 파일에 대하여 알아본다.

논의

안드로이드 스튜디오는 안드로이드 프로젝트를 위한 공식 IDE입니다. 안드로이드 스튜디오에
서 새로운 안드로이드 프로젝트를 만들려면 프로젝트 시작(Start a new Android Studio Project) 마
법사를 실행합니다.

그림 1-1 안드로이드 스튜디오 퀵 스타트

마법사가 시작되면 프로젝트 이름과 도메인을 입력해야 합니다. [그림 1-2]와 같이 프로젝트
이름은 'My Android App'으로 도메인은 'oreilly.com'으로 입력하고 [Next] 버튼을 클릭합
니다.

그림 1-2 새 프로젝트 생성

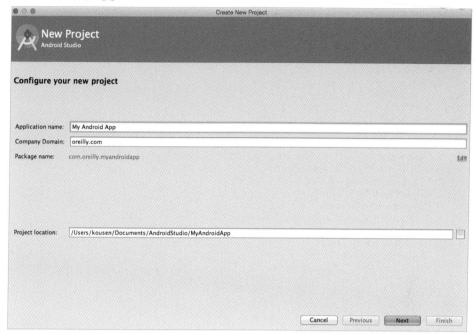

그다음 'Phone and Tablet' 옵션을 선택하고 'Empty Activity'를 추가합니다. 액티비티 이름은 기본값인 'MainActivity'로 합니다.

 액티비티의 이름과 타입은 그레이들 빌드 파일들에 영향을 주지 않습니다.

[그림 1-3]과 같이 프로젝트가 완성되고 안드로이드 뷰가 표시됩니다. 그레이들 파일은 강조하여 표시하였습니다.

그림 1-3 프로젝트 구조(안드로이드 뷰)

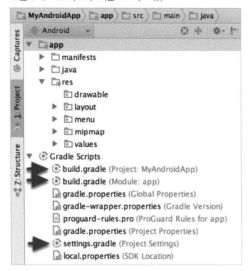

[그림 1-4]는 프로젝트 구조를 프로젝트 뷰로 표시하고 있습니다.

그림 1-4 프로젝트 구조(프로젝트 뷰)

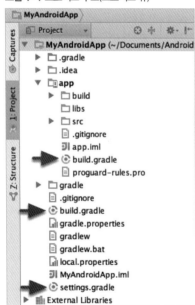

안드로이드 프로젝트는 멀디 프로젝트 구조이며,[1] settings.gradle 파일에 포함하는 하위 프로젝트(이하 모듈)가 담겨있습니다. [예제 1-1]은 settings.gradle 파일에 기본으로 생성되는 값으로, include 문장은 app 모듈을 포함하였습니다. 만약 안드로이드 라이브러리 프로젝트를 추가한다면 이 또한 settings.gradle 파일에 추가합니다.

예제 1-1 settings.gradle 파일

```
include ':app'
```

[예제 1-2]는 최상위 build.gradle 파일(이하 프로젝트 build.gradle 파일)을 보여줍니다.

예제 1-2 프로젝트 build.gradle 파일

```
// Top-level build file where you can add configuration options
// common to all subprojects/modules.
buildscript {
    repositories {
        jcenter()
    }
    dependencies {
        classpath 'com.android.tools.build:gradle:2.0.0'
        // NOTE: Do not place your application dependencies here; they belong
        // in the individual module build.gradle files
    }
}

allprojects {
    repositories {
        jcenter()
    }
}

task clean(type: Delete) {
    delete rootProject.buildDir
}
```

그레이들 배포판에는 안드로이드 기능이 포함되어 있지 않기 때문에 손쉽게 필요한 설정을 할 수 있도록 구글에서는 안드로이드 플러그인을 제공합니다. 프로젝트 build.gradle 파일의 buildscript 블록에는 안드로이드 플러그인을 어디서 다운로드할지 지정합니다.

---

1 옮긴이주_이클립스는 싱글 프로젝트 구조입니다.

기본값으로 플러그인은 jcenter에서 다운로드합니다. 이는 Bintray사의 JCenter 저장소를 의미합니다. 다른 저장소도 지원하는데, 특히 mavenCentral( )은 기본 메이븐 저장소를 의미합니다. JCenter는 안전한 HTTPS 연결을 통하여 CDN으로 제공되고 속도도 상당히 빠릅니다.[2]

allprojects 블록은 최상위 프로젝트와 하위 모듈이 공통으로 사용할 내용을 지정합니다. 여기서는 jcenter( )로 지정하였는데, 이는 외부 라이브러리 참조 시 우선으로 JCenter를 참조하게 됩니다.

그레이들은 내장된 태스크뿐만 아니라 사용자 정의 태스크도 만들 수 있습니다. 각 태스크는 단방향 비순환 그래프$^{DAG, Directed Acyclic Graph}$에 저장됩니다. clean 태스크는 프로젝트 build. gradle에 정의되어 있으며, type: Delete 부분은 새로 정의한 태스크가 내장 태스크인 Delete를 상속했다는 의미입니다. clean 태스크는 루트 프로젝트와 하위 모듈의 build 디렉터리를 제거합니다.

[예제 1-3]은 app 모듈의 build.gradle 파일을 보여줍니다.

예제 1-3 app 모듈의 build.gradle 파일

```
apply plugin: 'com.android.application'

android {
    compileSdkVersion 23
    buildToolsVersion "23.0.3"
    defaultConfig {
        applicationId "com.kousenit.myandroidapp"
        minSdkVersion 19
        targetSdkVersion 23
        versionCode 1
        versionName "1.0"
    }
    buildTypes {
        release {
            minifyEnabled false
            proguardFiles getDefaultProguardFile('proguard-android.txt'),
                'proguard-rules.pro'
        }
```

---

2 옮긴이주_CDN은 'Content Delivery Network'의 약자로 콘텐츠를 효율적으로 전달하기 위해 여러 노드를 가진 네트워크에 데이터를 저장하여 제공하는 시스템을 말한다(https://goo.gl/h3oxUT 참고)

```
        }
    }

    dependencies {
        compile fileTree(dir: 'libs', include: ['*.jar'])
        testCompile 'junit:junit:4.12'
        compile 'com.android.support:appcompat-v7:23.3.0'
    }
```

apply 문장은 안드로이드 플러그인을 지정합니다. 그레이들 플러그인은 안드로이드 환경을 위한 도메인 특화 언어$^{DSL, \ Domain \ Specific \ Language}$를 구현하였습니다. 자세한 내용은 레시피 1.2에서 다룹니다.

dependencies 블록은 세 줄로 이루어져 있습니다. 첫째 줄은 fileTree 의존성을 정의하며, libs 디렉터리 안에 있는 모든 JAR 파일을 참조합니다. 둘째 줄은 JUnit 4.12를 다운로드하고 testCompile 단계에서 참조합니다. 이것은 /src/androidTest/java 디렉터리 또는 안드로이드 API와 직접 연관되지 않는 로컬 유닛 테스트를 위한 /src/test/java/ 디렉터리에서 참조할 수 있습니다. 셋째 줄은 안드로이드 서포트 라이브러리인 appcompat-v7.jar를 클래스패스에 추가하였습니다. 버전은 23.3.0입니다. 이 문장에서 -v7은 안드로이드 버전 7부터 하위 호환성을 제공한다는 의미로, 라이브러리 버전이 7이라는 의미는 아닙니다. 서포트 라이브러리는 compile 단계에 추가되어 프로젝트 전체에서 사용할 수 있습니다.

함께 보기

레시피 6.2에서 필요한 문서 사이트 목록을 제공합니다. 외부 라이브러리 참조에 관해서는 레시피 1.5, 저장소에 관해서는 레시피 1.7을 참고하세요.

1.2 SDK 버전과 그 외 기본값 설정하기

문제

최소 SDK 버전과 목적 SDK 버전을 설정하고 그 외 속성값을 지정하고 싶다.

해결

모듈 build.gradle 파일에 있는 android 블록을 수정한다.

논의

프로젝트 build.gradle 파일의 buildscript 블록은 안드로이드 플러그인 버전을 지정하고, 모듈 build.gradle 파일의 android 블록은 [예제 1-4]와 같이 프로젝트의 세부 내용을 정의합니다.

예제 1-4 모듈 build.gradle 파일의 android 블록

```
apply plugin: 'com.android.application'

android {
    compileSdkVersion 23
    buildToolsVersion "23.0.3"
    defaultConfig {
        applicationId "com.kousenit.myandroidapp"
        minSdkVersion 19
        targetSdkVersion 23
        versionCode 1
        versionName "1.0"
    }
    compileOptions {
        sourceCompatibility JavaVersion.VERSION_1_7
        targetCompatibility JavaVersion.VERSION_1_7
    }
}
```

일반적인 자바 프로젝트에서는 Java 플러그인을 사용하지만 안드로이드 프로젝트는 com.android.application 플러그인을 사용해야 합니다.

 자바 플러그인을 적용하면 빌드 오류가 발생합니다.

android 블록의 compileSdkVersion 항목은 컴파일 SDK 버전을, buildToolsVersion 항목은 빌드 툴 버전을 정의합니다. 두 값 모두 가능한 한 최신 버전을 기재하는 것이 좋은데, 최신 버전은 기본으로 하위 호환성을 지원하고 알려진 버그를 수정하였기 때문입니다.[3] android 블록 안의 defaultConfig 블록에는 몇 가지 속성을 지정할 수 있습니다.

| applicationId |

애플리케이션의 패키지 이름을 정의합니다. 구글 플레이 스토어에서 유일한 이름으로 구별되어야 하고, 한 번 마켓에 올라가면 이 값은 변경되어서는 안 됩니다. 값을 변경하게 되면 전혀 다른 애플리케이션이 되어 기존 사용자가 동일한 이름으로 최신 버전을 검색할 수 없습니다. 그레이들로 넘어가기 전에는 AndroidManifest.xml 파일의 package 속성에 정의하였지만, 이제 두 값은 서로 달라도 됩니다. 우선순위는 applicationId가 높습니다.

| minSdkVersion |

지원하는 최소 SDK 버전으로, SDK 버전이 이 값보다 낮은 기기에서는 해당 애플리케이션을 검색할 수 없습니다.

| targetSdkVersion |

애플리케이션이 의도하는 목적 SDK 버전을 나타냅니다. 안드로이드 스튜디오에서는 이 값이 안드로이드 최신 버전보다 낮으면 경고를 표시하며, 원하는 버전을 지정하면 됩니다.

| versionCode |

애플리케이션의 버전을 나타내는 정수 값으로, 업그레이드 기준이 됩니다.

| versionName |

사용자에게 배포되는 애플리케이션 버전을 나타내는 문자열입니다. 보통 〈major〉. 〈minor〉.〈version〉 형식을 따르는데, 예를 들면 5.0.1과 같습니다.

그레이들로 넘어가기 전에는 minSdkVersion과 buildToolsVersion 값을 AndroidManifest .xml 파일의 〈uses-sdk〉 태그 속성으로 정의하였지만,[4] 이러한 방식은 이제 지원하지 않으며 (Deprecated) 그레이들의 빌드 속성값으로 대체되었습니다.

----

3 옮긴이주_실무에서는 항상 최신 버전이 옳은 것은 아닙니다. 예를 들어, 빌드 툴 23.0.1은 일부 화면 레이아웃이 깨지는 버그가 발생하여 바로 23.0.2로 업데이트된 사례가 있습니다. 현재 해당 버전은 다운로드할 수 없습니다.
4 옮긴이주_이클립스는 buildToolsVersion을 project.properties 파일에 정의합니다.

compileOptions 블록은 이 애플리케이션이 JDK 1.7을 사용하고 있음을 알려줍니다.

[그림 1-5]는 안드로이드 스튜디오의 [Project Structure] 창으로, 앞의 속성값을 시각적으로 보여줍니다.

그림 1-5 안드로이드 스튜디오의 Project Structure 뷰

defaultConfig 블록의 값은 [그림 1-6]과 같이 [Project Structure → Flavors]에 표시됩니다. 자세한 내용은 DSL 문서(http://google.github.io/android-gradle-dsl/current/index.html)를 참고하면 됩니다.

그림 1-6 defaultConfig 블록 내용

함께 보기

android 블록의 나머지 내용(buildTypes, productFlavors 등)은 레시피 3.1과 3.2, 3.4를 참고하기 바랍니다. 관련 문서 링크는 레시피 6.2에서 제공합니다.

1.3 명령창에서 그레이들 빌드 실행하기

문제

명령창에서 그레이들 태스크를 실행하고 싶다.

해결

명령창에서 그레이들 래퍼를 실행하거나 그레이들을 설치하여 직접 실행한다.

논의

안드로이드 스튜디오에는 플러그인 형태로 그레이들 배포판이 포함되어 있어서 안드로이드 프로젝트에서 그레이들 배포판을 직접 실행할 필요가 없습니다.

'그레이들 래퍼^{Gradle wrapper}'라는 용어는 유닉스에서는 `gradlew`, 윈도우에서는 `gradlew.bat` 스크립트이며 프로젝트 루트 디렉터리에 있습니다. 마지막 w는 래퍼^{wrapper}를 의미합니다. 그레이들 래퍼의 목적은 그레이들을 실행할 때 사용자가 사전에 그레이들을 설치할 필요가 없게 하는 것입니다. 래퍼는 gradle-wrapper.jar와 gradle-wrapper.properties 파일로 이루어져 있으며 gradle/wrapper 디렉터리에서 찾을 수 있습니다. [예제 1-5]는 이중 properties 파일의 예시입니다.

예제 1-5 gradle-wrapper.properies 파일 예시

```
#Mon Dec 28 10:00:20 PST 2015
distributionBase=GRADLE_USER_HOME
distributionPath=wrapper/dists
zipStoreBase=GRADLE_USER_HOME
zipStorePath=wrapper/dists
distributionUrl=https\://services.gradle.org/distributions/gradle-2.10-all.zip
```

`distributionUrl` 속성은 래퍼의 다운로드 버전이 2.10임을 의미합니다.[5] 처음 실행한 후에는 `zipStoreBase` 아래 `zipStorePath` 디렉터리에 저장되고, 그 이후에는 저장된 캐시를 사용

---

[5] 원주_이 글을 작성하는 시점에 그레이들 최신 버전은 2.12입니다. `distributionUrl` 속성에는 배포된 어떤 버전을 기재해도 됩니다(옮긴이주_2016년 10월 기준 최신 버전은 3.1이지만, 실무에서는 2.10 이상이면 충분합니다).

합니다. 래퍼를 실행하는 방법은 명령창에서 ./gradlew(유닉스일 때)를 실행하거나 윈도우에서는 gradlew.bat을 실행합니다.

예제 1-6 build 태스크 실행결과

```
> ./gradlew build
Downloading
https://services.gradle.org/distributions/gradle-2.10-all.zip
......................................................
....         (download of Gradle 2.10)         ....
......................................................
Unzipping /Users/kousen/.gradle/wrapper/dists/3i2gob.../gradle-2.10-all.zip
to /Users/kousen/.gradle/wrapper/dists/gradle-2.10-all/3i2gob...
Set executable permissions for:
/Users/kousen/.gradle/wrapper/dists/gradle-2.10-all/3i2gob.../gradle-2.10/bin/gradle
Starting a new Gradle Daemon for this build (subsequent builds will be faster).
:app:preBuild UP-TO-DATE
:app:preDebugBuild UP-TO-DATE
... lots of tasks ...
:app:compileLint
:app:lint
Wrote HTML report to file:.../MyAndroidApp/app/build/outputs/lint-results.html
Wrote XML report to .../MyAndroidApp/app/build/outputs/lint-results.xml
:app:preDebugUnitTestBuild UP-TO-DATE
:app:prepareDebugUnitTestDependencies
... lots of tasks ...
:app:test
:app:check
:app:build

BUILD SUCCESSFUL

Total time: 51.352 secs // 대부분 시간이 다운로드하는 데 소요되었다.
```

 이 책에서는 유닉스 운영체제의 ./gradlew를 기반으로 합니다. 윈도우에서는 닷(.)과 슬래시(/)만 빼면 됩니다.

처음 다운로드할 때는 인터넷 연결 속도에 따라 수 분이 걸릴 수 있지만, 한 번 다운로드한 후에는 로컬에 저장된 캐시를 사용합니다.

명령창에서는 내장된 그레이들 태스크와 사용자 정의 태스크를 모두 실행할 수 있습니다. 컴파일이 완료되면 /app/build 디렉터리에 저장되고, 생성된 APK 파일은 app/build/outputs/

apk 디렉터리에서 확인할 수 있습니다. [예제 1-7]처럼 tasks 태스크를 실행하면 빌드에 관한 태스크 목록을 보여줍니다.

예제 1-7 tasks 태스크 실행결과

```
:tasks
--------------------------------------------

All tasks runnable from root project
--------------------------------------------

Android tasks
----------
androidDependencies - Displays the Android dependencies of the project.
signingReport - Displays the signing info for each variant.
sourceSets - Prints out all the source sets defined in this project.

Build tasks
--------
assemble - Assembles all variants of all applications and secondary packages.
assembleAndroidTest - Assembles all the Test applications.
assembleDebug - Assembles all Debug builds.
assembleRelease - Assembles all Release builds.
build - Assembles and tests this project.
buildDependents - Assembles and tests this project and all projects that depend on
it.
buildNeeded - Assembles and tests this project and all projects it depends on.
compileDebugAndroidTestSources
compileDebugSources
compileDebugUnitTestSources
compileReleaseSources
compileReleaseUnitTestSources
mockableAndroidJar - Creates a version of android.jar that's suitable for unit
tests.

Build Setup tasks
--------------
init - Initializes a new Gradle build. [incubating]
wrapper - Generates Gradle wrapper files. [incubating]

Help tasks
--------
components - Displays the components produced by root project 'MyAndroidApp'.
dependencies - Displays all dependencies declared in root project 'MyAndroidApp'.
dependencyInsight - Displays the insight into a specific dependency in root
project 'MyAndroidApp'.
help - Displays a help message.
```

model - Displays the configuration model of root project 'MyAndroidApp'.
[incubating]
projects - Displays the subprojects of root project 'MyAndroidApp'.
properties - Displays the properties of root project 'MyAndroidApp'.
tasks - Displays the tasks runnable from root project 'MyAndroidApp'
(some of the displayed tasks may belong to subprojects).

Install tasks
----

installDebug - Installs the Debug build.
installDebugAndroidTest - Installs the android (on device) tests for the Debug
build.
uninstallAll - Uninstall all applications.
uninstallDebug - Uninstalls the Debug build.
uninstallDebugAndroidTest - Uninstalls the android (on device) tests for the build.
uninstallRelease - Uninstalls the Release build.

Verification tasks
----

check - Runs all checks.
clean - Deletes the build directory.
connectedAndroidTest - Installs and runs instrumentation tests for all flavors
on connected devices.
connectedCheck - Runs all device checks on currently connected devices.
connectedDebugAndroidTest - Installs and runs the tests for debug connected
devices.
deviceAndroidTest - Installs and runs instrumentation tests using all Providers.
deviceCheck - Runs all device checks using Device Providers and Test Servers.
lint - Runs lint on all variants.
lintDebug - Runs lint on the Debug build.
lintRelease - Runs lint on the Release build.
test - Run unit tests for all variants.
testDebugUnitTest - Run unit tests for the debug build.
testReleaseUnitTest - Run unit tests for the release build.

Other tasks
----

clean
jarDebugClasses
jarReleaseClasses
lintVitalRelease - Runs lint on just the fatal issues in the Release build.

To see all tasks and more detail, run gradlew tasks –all

To see more detail about a task, run gradlew help —task <task>

BUILD SUCCESSFUL

꽤 많은 태스크가 표시되지만, 실무에서 활용히는 것은 몇 가지뿐입니다. 여러 빌드 타입과 제품 특성을 활용하게 되면 태스크 개수는 상당히 늘어나게 됩니다.

| 추가되는 기능과 명령창 플래그 |

여러 개의 태스크를 연속으로 실행하려면 [예제 1-8]과 같이 각 태스크를 공백으로 구별하면 됩니다. 동일한 태스크 이름을 여러 번 넣어도 한 번만 실행됩니다.

예제 1-8 한 번에 여러 태스크 실행

```
> ./gradlew lint assembleDebug
```

[예제 1-9]처럼 -x 옵션을 넣으면 실행에서 제외하려는 태스크를 지정할 수 있습니다.

예제 1-9 lintDebug 태스크 제외

```
> ./gradlew assembleDebug -x lintDebug
```

tasks 태스크에 --all 옵션을 붙이면 프로젝트의 모든 태스크 목록뿐만 아니라 각 태스크가 어떤 태스크를 의존하는지도 표시합니다.

 --all 옵션을 넣으면 결과가 상당히 길게 나옵니다.

명령창에서는 [예제 1-10]처럼 축약어로 간편하게 태스크를 실행할 수 있습니다. 카멜 표기법 (anDep은 androidDependencies의 축약)으로 기재하면 되는데, 단 다른 태스크 이름과 겹치지 않고 유일하게 식별할 수 있어야 합니다.

예제 1-10 각 설정의 태스크 의존성 출력(androidDependencies 태스크)

```
> ./gradlew anDep
:app:androidDependencies
debug
\-- com.android.support:appcompat-v7:23.3.0
    +-- com.android.support:support-vector-drawable:23.3.0
    |   \-- com.android.support:support-v4:23.3.0
    |       \-- LOCAL: internal_impl-23.3.0.jar
    +-- com.android.support:animated-vector-drawable:23.3.0
    |       \-- com.android.support:support-vector-drawable:23.3.0
```

```
                  │              \── com.android.support:support-v4:23.3.0
                  │                      \── LOCAL: internal_impl-23.3.0.jar
                  \── com.android.support:support-v4:23.3.0
                        \── LOCAL: internal_impl-23.3.0.jar

debugAndroidTest
No dependencies

debugUnitTest
No dependencies

release
\── com.android.support:appcompat-v7:23.3.0
     ├── com.android.support:support-vector-drawable:23.3.0
     │     \── com.android.support:support-v4:23.3.0
     │           \── LOCAL: internal_impl-23.3.0.jar
     ├── com.android.support:animated-vector-drawable:23.3.0
     │     \── com.android.support:support-vector-drawable:23.3.0
     │           \── com.android.support:support-v4:23.3.0
     │                 \── LOCAL: internal_impl-23.3.0.jar
     \── com.android.support:support-v4:23.3.0
           \── LOCAL: internal_impl-23.3.0.jar

releaseUnitTest
No dependencies

BUILD SUCCESSFUL
```

태스크를 유일하게 식별할 수 없으면 [예제 1-11]처럼 오류 메시지가 나옵니다. 오류 메시지를 보면 'pro'가 모호하여 'projects'와 'properties' 중 원하는 태스크를 유일하게 식별하지 못하였다고 나오는데, 한 글자만 더 넣어주면 이 둘을 구별할 수 있습니다.

예제 1-11 유일하게 식별하지 못한 경우

```
> ./gradlew pro

FAILURE: Build failed with an exception.

* What went wrong:
Task 'pro' is ambiguous in root project 'MyAndroidApp'. Candidates are:
'projects', 'properties'.
```

마지막으로 빌드 스크립트의 파일 이름을 변경하려면 [예제 1-12]처럼 -b 옵션을 사용합니다.

예제 1-12 빌드 스크립트 이름 변경

```
> ./gradlew -b app.gradle
```

함께 보기

부록 B는 그레이들 설치와 안드로이드 프로젝트 외에 그레이들의 일반적인 기능에 관한 내용이 나와 있습니다. 레시피 1.5는 외부 라이브러리 참조에 관한 내용을, 레시피 4.3은 빌드 프로세스에서 특정 태스크를 제외하는 방법을 알려줍니다.

1.4 안드로이드 스튜디오에서 그레이들 빌드하기

문제

안드로이드 스튜디오에서 그레이들 빌드를 하고 싶다.

해결

그레이들 뷰에서 태스크를 실행한다.

논의

안드로이드 스튜디오에서 프로젝트를 생성하면 멀티 프로젝트로 구성되며(레시피 1.1 참조), IDE는 [그림 1-7]과 같이 그레이들 태스크를 보여주는 그레이들 뷰를 제공합니다.

그림 1-7 안드로이드 스튜디오의 그레이들 뷰

그레이들의 각 태스크는 android, build, install, other와 같은 카테고리에 포함됩니다. 특정 태스크를 실행하려면 원하는 태스크를 더블 클릭하면 됩니다. [그림 1-8]은 그 결과를 보여줍니다. 실행결과는 IDE의 Run 창에 표시되며, 태스크를 실행할 때마다 Run configurations 메뉴에 등록됩니다. 자주 실행하는 태스크를 한눈에 모아서 볼 수 있습니다.

그림 1-8 안드로이드 스튜디오에서 그레이들 실행하기

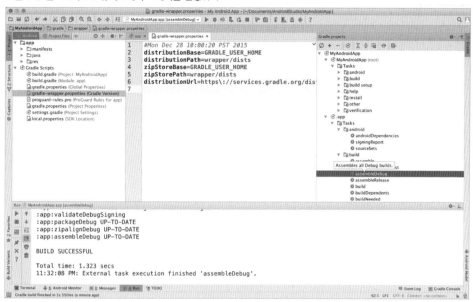

Run 창에서 실행하는 것은 명령창에서 실행하는 것과 같습니다. IDE는 단지 그것을 실행하고 결과만 표시해줍니다. 애플리케이션을 빌드하고 테스트하고 배포하는 것은 실제로 명령창에서 그레이들 태스크를 차례로 실행하는 것입니다.

[그림 1-9]는 안드로이드 스튜디오의 Gradle Console인데, 그레이들 실행결과를 보여주는 전용 창입니다.

그림 1-9 Gradle Console

함께 보기

명령창에서 그레이들 태스크를 실행하는 방법은 레시피 1.3을 참고하세요.

1.5 외부 라이브러리 추가하기

문제

안드로이드 애플리케이션에 외부 라이브러리 추가하는 방법을 알고 싶다.

해결

모듈 build.gradle의 dependencies 블록에 라이브러리의 그룹, 이름, 버전을 지정한다.

논의

안드로이드 프로젝트를 생성하면 프로젝트 build.gradle 파일과 app 모듈의 build.gradle 파일이 생성되고, 모듈 build.gradle은 app 하위 디렉터리에 저장됩니다. 모듈 build.gradle 파일에는 dependencies 블록이 있는데, [예제 1–13]은 안드로이드 스튜디오에서 기본으로 생성된 dependcies 블록을 보여줍니다.

예제 1-13 모듈 build.gradle의 dependencies 블록

```
dependencies {
    compile fileTree(include: ['*.jar'], dir: 'libs')
    testCompile 'junit:junit:4.12'
    compile 'com.android.support:appcompat-v7:23.3.0'
}
```

| 기본 문법 |

그레이들은 외부 라이브러리 의존성^{Dependency}을 설정하는 다양한 방법을 제공합니다. 가장 일반적인 방법은 메이븐 저장소에 있는 라이브러리의 그룹, 이름, 버전을 명시하는 것입니다.

 그레이들 스크립트는 그루비로 작성하는데, 작은따옴표(')와 큰따옴표(") 문자열을 지원합니다. 큰따옴표 문자열은 변수를 지정하여 원하는 값으로 대체할 수 있습니다. 자세한 내용은 부록 A를 참고하세요.

외부 라이브러리를 명시할 때는 configuration도 함께 입력해야 합니다. 예를 들어, compile, runtime, testCompile과 testRuntime 등이 있습니다. 원하면 사용자가 configuration을

새로 정의할 수도 있습니다.[6] [예제 1-14]는 외부 라이브러리의 그룹, 이름, 버전을 명시하는 전체 문법을 보여줍니다.

예제 1-14 외부 라이브러리를 추가하는 전체 문법

```
testCompile group: 'junit', name: 'junit', version: '4.12'
```

[예제 1-14]와 [예제 1-15]는 완전히 같습니다.

예제 1-15 외부 라이브러리를 추가하는 간단한 문법

```
testCompile 'junit:junit:4.12'
```

앞의 내용은 기본으로 생성되는 build.gradle 파일에서도 확인할 수 있습니다. [예제 1-16]처럼 버전을 명시적으로 적지 않고 더하기(+) 기호를 사용하여 사용 가능한 최신 버전을 자동으로 지정할 수도 있습니다. 하지만 추천하는 방식은 아닙니다.

예제 1-16 더하기(+)로 버전 지정(추천 방식은 아님)

```
testCompile 'junit:junit:4.+'
```

[예제 1-16] 내용은 JUnit의 4.* 버전 중 최신 버전을 지정한 것인데, 이 내용은 실제로 어떤 버전을 빌드할 때 추가하는지 확정하지 않아서 향후 문제의 소지가 있습니다. 명시적인 버전 (예를 들어 4.12)을 지정하는 것이 실무에서는 안전합니다.

 외부 라이브러리를 추가할 때 버전을 명시적으로 지정합니다. 그렇게 해야 의존하는 라이브러리가 변경 되었을 때 문제가 되거나 빌드할 때마다 다른 결과가 나오는 것을 예방할 수 있습니다.

메이븐 저장소가 아니라 로컬 파일 시스템에 있는 파일을 참조하려면 [예제 1-17]처럼 dependencies 블록에 files나 fileTree 문법을 사용합니다.

예제 1-17 파일이나 디렉터리에 있는 라이브러리 지정

```
dependencies {
    compile files('libs/a.jar', 'libs/b.jar')
    compile fileTree(dir: 'libs', include: '*.jar')
}
```

---

6 옮긴이주_실무에서 새로 configuration을 정의하는 경우는 드뭅니다.

마지막 줄은 새로운 프로젝트가 생성될 때 기본으로 모듈 build.gradle 파일에 생성되는 내용입니다. 그다음 repositories 블록에서 라이브러리를 검색할 저장소를 지정합니다.

| 프로젝트 정보 동기화하기 |

안드로이드 스튜디오는 그레이들 빌드 파일을 모니터링하고 있다가 변경사항이 발생하면 프로젝트 정보를 동기화할지를 자동으로 표시합니다. 예를 들어, app 모듈의 build.gradle 파일에 Retrofit 2 라이브러리를 새롭게 추가하려고 합니다. [그림 1-10]은 build.gradle 파일에 변경사항이 생겼을 때를 보여주는데, 안드로이드 스튜디오는 프로젝트 정보를 동기화할 것인지 물어봅니다. 이것은 필요한 라이브러리를 다운로드하고 프로젝트가 참조할 수 있게 합니다.

그림 1-10 프로젝트 정보를 동기화할지 물어봄

[그림 1-11]의 [Sync Now] 버튼을 누르면 다운로드한 라이브러리가 외부 라이브러리(External Libraries) 항목에 표시되는데, 이는 프로젝트 뷰에서만 표시됩니다.

그림 1-11 외부 라이브러리 추가

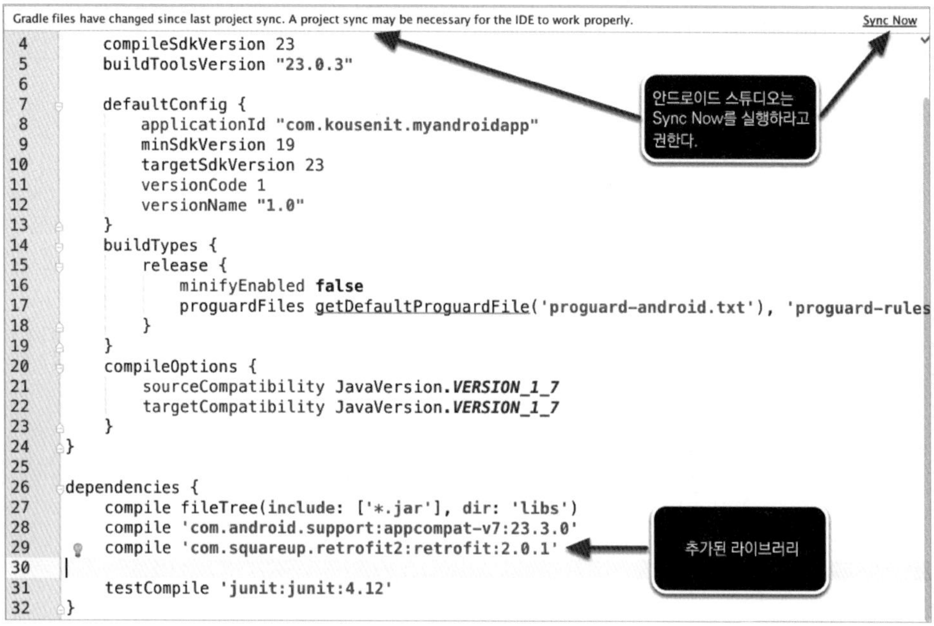

retrofit 라이브러리를 추가하면 추가로 okhttp와 okio 라이브러리가 함께 추가되는데, 이러한 관계를 '전이적 의존성^{Transitive Dependency}'이라고 합니다. [Sync Now] 버튼을 누르지 않았다면 [그림 1-12]처럼 안드로이드 스튜디오에서 동일한 기능을 하는 툴바 버튼을 활성화합니다.

그림 1-12 프로젝트 동기화 메뉴와 툴바 버튼

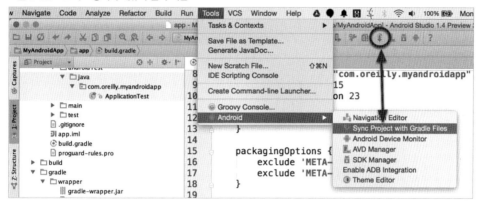

| 전이적 의존성 |

예전에 메이븐을 사용하면 인터넷을 전부 다운로드하게 될 거라는 농담이 있었습니다. 이것이 메이븐에서 사실이라면 그레이들도 마찬가지입니다. 둘 다 전이적 의존성을 지원합니다. 라이브러리는 그 자체가 섬이 아니라서 다른 라이브러리가 추가로 필요합니다.

자바 프로젝트에서 dependencies 태스크를 실행하면 참조하는 라이브러리와 전이적 의존성을 함께 보여주는데, 안드로이드 프로젝트에서는 androidDependencies 태스크가 이 역할을 합니다.

[예제 1-13]은 dependencies 블록을 보여주고, androidDependencies 태스크를 실행하면 [예제 1-18]과 같은 결과를 확인할 수 있습니다.

예제 1-18 라이브러리 의존성 표시

```
> ./gradlew androidDependencies

:app:androidDependencies
debug
\— com.android.support:appcompat-v7:23.3.0
      +— com.android.support:support-vector-drawable:23.3.0
      | \— com.android.support:support-v4:23.3.0
```

```
       │ \── LOCAL: internal_impl-23.3.0.jar
       ├── com.android.support:animated-vector-drawable:23.3.0
       │ \── com.android.support:support-vector-drawable:23.3.0
       │ \── com.android.support:support-v4:23.3.0
       │ \── LOCAL: internal_impl-23.3.0.jar
       \── com.android.support:support-v4:23.3.0
       \── LOCAL: internal_impl-23.3.0.jar

debugAndroidTest
No dependencies

debugUnitTest
No dependencies

release
\── com.android.support:appcompat-v7:23.3.0
    ├── com.android.support:support-vector-drawable:23.3.0
    │   \── com.android.support:support-v4:23.3.0
    │       \── LOCAL: internal_impl-23.3.0.jar
    ├── com.android.support:animated-vector-drawable:23.3.0
    │   \── com.android.support:support-vector-drawable:23.3.0
    │       \── com.android.support:support-v4:23.3.0
    │           \── LOCAL: internal_impl-23.3.0.jar
    \── com.android.support:support-v4:23.3.0
        \── LOCAL: internal_impl-23.3.0.jar

releaseUnitTest
No dependencies
```

debug 항목과 release 항목 모두 안드로이드 서포트 라이브러리인 appcompat-v7 라이브러리를 포함하고 있습니다. 이 라이브러리는 support-v4 라이브러리를 참조하고 내부적으로 안드로이드 SDK의 JAR 파일을 호출합니다.

전이적 의존성을 수동으로 관리하면 좋을 것 같지만, 실제로 해보면 그 복잡함이 상상을 초월하여 생각이 달라질 겁니다. 그레이들은 참조하는 라이브러리 사이에서 발생하는 버전 이슈를 효과적으로 해결하며 특정 라이브러리를 추가하거나 제외하는 문법도 제공합니다.

그레이들은 전이적 의존성을 기본으로 활성화해 놓았는데, 이를 비활성화하고 싶다면 [예제 1-19]와 같이 설정하면 됩니다. transitive 값을 false로 변경하면 지정한 라이브러리만 다운로드하고 그것이 의존하는 다른 라이브러리는 다운로드하지 않습니다. 정상적으로 빌드하려면 의존하는 라이브러리를 모두 가지고 있어야 합니다.

예제 1-19 전이적 의존성 비활성화하기

```
dependencies {
    runtime group: 'com.squareup.retrofit2', name: 'retrofit', version: '2.0.1',
     transitive: false
}
```

[예제 1-20]은 라이브러리 모듈의 JAR 파일만 필요한 예를 보여줍니다.

예제 1-20 라이브러리 모듈의 JAR 파일만 참조하기

```
dependencies {
    compile 'org.codehaus.groovy:groovy-all:2.4.4@jar' ❶
    compile group: 'org.codehaus.groovy', name: 'groovy-all', version: '2.4.4', ext:
'jar' ❷
}
```

❶ 간이 문법에서는 '@'을 사용하고, ❷ 전체 문법에는 'ext'라는 키워드를 사용합니다.

[예제 1-21]처럼 dependencies 블록에서 전이적 의존성 중 특정 라이브러리를 제외할 수도 있습니다.

예제 1-21 특정 라이브러리 제외하기

```
dependencies {
    androidTestCompile('org.spockframework:spock-core:1.0-groovy-2.4') {
        exclude group: 'org.codehaus.groovy'
        exclude group: 'junit'
    }
}
```

이 예제에서 spock-core 프로젝트는 그루비와 JUnit 라이브러리를 추가로 다운로드하지 않습니다. 이미 로컬에 있거나 다른 라이브러리에서 지정하고 있기 때문입니다.

함께 보기

레시피 1.6은 안드로이드 스튜디오에서 의존성을 추가하는 방법을 보여주고, 레시피 1.7에는 저장소를 설정하는 방법이 나와 있습니다. 레시피 4.5는 프로젝트의 한 모듈에서 다른 모듈을 참조하는 방법을 알려줍니다.

1.6 안드로이드 스튜디오에서 외부 라이브러리 추가하기

문제

모듈 build.gradle 파일을 직접 수정하기보다 안드로이드 스튜디오에서 외부 라이브러리를 추가하고 싶다.

해결

Project Structure 화면에서 Dependencies 탭을 수정한다.

논의

경험이 많은 그레이들 개발자는 build.gradle 파일을 직접 수정하는 것이 익숙합니다. 하지만 IDE는 코드를 작성하는 것만큼 편리한 보조 도구(assistants)를 제공하지 않습니다.

Project Structure 메뉴는 빌드 스크립트의 내용을 시각적으로 보여줍니다. [File → Project Structure]를 선택하면 [그림 1-13]과 같은 화면이 나오는데, 내용은 app 모듈의 빌드 정보를 보여줍니다. Project Structure 화면에서 app 모듈을 선택하면 기본으로 Properties 탭이 보이고 컴파일 SDK 버전과 빌드 툴 버전이 표시됩니다.

그림 1-13 Project Structure 화면(그림 1-5와 동일)

Project Structure 메뉴에서 Dependencies 탭을 클릭하면 설정된 현재 라이브러리 목록과 새로운 라이브러리를 추가할 수 있는 버튼을 제공합니다.

그림 1-14 Project Structure 화면의 Dependencies 탭

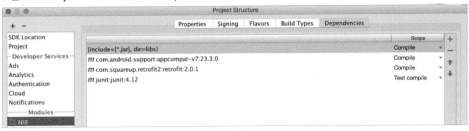

Dependencies 탭의 Scope 항목에는 각 라이브러리의 configuration을 지정하는데, 선택할 수 있는 값은 다음과 같습니다.

- Compile
- Provided
- APK
- Test compile
- Debug compile
- Release compile

Dependencies 탭에서 더하기(+) 버튼을 클릭하면 [그림 1-15]와 같이 추가할 라이브러리 의존성의 종류를 표시합니다.

그림 1-15 라이브러리 의존성의 종류

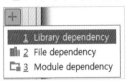

참고로, 파일 의존성은 로컬 파일 시스템에서 JAR 파일 등을 참조하는 것이고 모듈 의존성은 같은 프로젝트에 있는 다른 모듈을 참조하는 것입니다. 이에 관한 자세한 내용은 라이브러리 프로젝트에 관한 레시피에서 설명합니다.

라이브러리 의존성을 선택하면 [그림 1-16]과 같은 새로운 대화창이 표시되며, 메이븐 중앙 저장소에서 원하는 라이브러리를 검색할 수 있습니다. 기본으로 선택할 수 있는 서포트 라이브러리와 구글 플레이 서비스가 보입니다.

그림 1-16 메이븐 중앙 저장소에서 라이브러리 추가하기

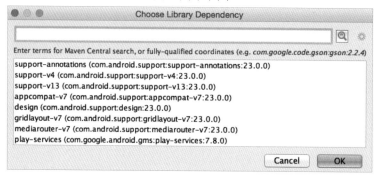

검색 화면에 문자열을 입력하고 검색 버튼을 누르면 [그림 1-17]처럼 검색 결과가 표시됩니다. [OK] 버튼을 누르면 프로젝트 정보 동기화가 시작되고 선택한 라이브러리를 다운로드하여 build.gradle 파일에 추가합니다.

그림 1-17 Gson 라이브러리 검색하기

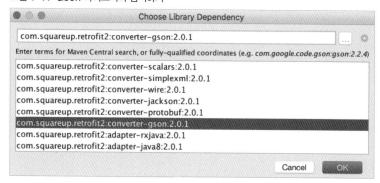

함께 보기

레시피 1.5는 build.gradle 파일을 직접 수정하여 외부 라이브러리를 추가하는 방법을 다룹니다. 레시피 1.7은 그레이들 저장소를 설정하는 방법을 알려줍니다.

1.7 저장소 설정하기

문제

외부 라이브러리 의존성을 확인하는 저장소를 정확하게 설정하고 싶다.

해결

모듈 build.gradle에 있는 repositories 블록을 설정한다.

논의

| 저장소 설정하기 |

repositories 블록은 그레이들로 빌드할 때 외부 라이브러리를 어디서 가져오는지 지정합니다. 기본값은 jcenter( ) 또는 mavenCenteral( )로 설정하는데, 각각 Bintray사의 JCenter 저장소나 공개 메이븐 중앙 저장소를 의미합니다. [예제 1-22]처럼 jcenter( )로 설정하면 실제로 http://jcenter.bintray.com을 참조하고 HTTPS로 연결합니다.

예제 1-22 repositories 기본값

```
repositories {
    jcenter()
}
```

메이븐 저장소를 설정하는 방법은 두 가지가 있습니다. mavenCentral( )로 지정하여 Maven 2 중앙 저장소로 연결하거나(http://repo1.maven.org/maven2,) mavenLocal( )로 지정하여 로컬에 있는 메이븐 캐시를 사용합니다.

예제 1-23 메이븐 저장소 지정

```
repositories {
    mavenLocal()       ❶
    mavenCentral()     ❷
}
```

❶ 로컬 메이븐 캐시 ❷ 공개 메이븐 중앙 저장소

기타 메이븐 저장소에는 URL을 직접 지정할 수 있습니다.

예제 1-24 메이븐 저장소의 URL 지정

```
repositories {
    maven {
        url 'http://repo.spring.io/milestone'
    }
}
```

비밀번호가 걸려있는 저장소는 credentials 블록을 활용합니다. [예제 1–25]는 그레이들 사용자 가이드에서 발췌하였습니다.

예제 1-25 비밀번호가 걸려있는 메이븐 저장소 설정

```
repositories {
    maven {
        credentials {
            username 'username'
            password 'password'
        }
        url 'http://repo.mycompany.com/maven2'
    }
}
```

하드코딩된 사용자 이름과 비밀번호 값은 gradle.properties 파일로 옮길 수 있습니다. 이 내용은 레시피 2.1에서 자세하게 다룹니다. Ivy와 로컬 저장소도 유사한 문법으로 지정할 수 있습니다.

예제 1-26 Ivy 저장소 지정

```
repositories {
    ivy {
        url 'http://my.ivy.repo'
    }
}
```

로컬 파일 시스템에 있는 라이브러리 파일을 참조하려면 flatDir 블록에 지정합니다.

예제 1-27 로컬 디렉터리를 저장소로 지정

```
repositories {
    flatDir {
        dirs 'lib'
    }
}
```

앞의 내용은 dependencies 블록에서 files와 fileTree로 지정하는 방법과 동일합니다. 실제 프로젝트에서는 보통 다수의 저장소를 지정하게 되며, 그레이들은 빌드할 때 차례로 검색하여 원하는 라이브러리를 찾아냅니다.

함께 보기

dependencies 블록에 관하여 레시피 1.5와 1.6에서 다룹니다.

CHAPTER 2

프로젝트 가져오기부터 릴리스까지

2.1 프로젝트 속성 설정하기

문제

프로젝트 속성값을 추가하고 싶고, 하드코딩한 값은 별도 파일에 모아두고 싶다.

해결

공통값은 ext 블록에 넣고, 빌드 스크립트에 하드코딩한 값을 넣는 대신 gradle.properties 파일로 옮긴다. -P 옵션을 사용하여 명령창에서 입력할 수도 있다.

논의

그레이들 빌드 스크립트에서는 ext 블록을 정의할 수 있는데, 이 블록에 넣어두면 파일의 다른 곳에서도 참조할 수 있습니다. 이때 ext는 'extra'를 의미합니다. 이들 값은 종종 하드코딩한 값이 들어갑니다. [예제 2-1]은 Android Annotations 프로젝트(http://androidannotations.org)에서 발췌하였습니다.

예제 2-1 ext 블록 예제

```
ext {
    def AAVersion = '4.0-SNAPSHOT' // 원하는 버전을 넣습니다.
}
```

```
dependencies {
    apt "org.androidannotations:androidannotations:$AAVersion"
    compile "org.androidannotations:androidannotations-api:$AAVersion"
}
```

그루비에서는 일반적으로 변수 타입을 선언하지 않습니다. 변수 AAVersion은 문자열 값을 할당할 때 그 타입이 결정되고, [예제 2-1]의 아래 두 문장에서는 이 변수의 값으로 대체됩니다.

def 예약어를 사용하면 이 변수가 현재 빌드 파일의 로컬 변수임을 선언합니다. def 없이 선언하면 project 객체의 속성으로 추가되어 나머지 하위 모듈에서도 참조할 수 있습니다.

 ext 블록에 있는 변수는 빌드할 때 만들어지는 Project 인스턴스의 속성으로 추가됩니다.

그런데 빌드 파일에 실제 값을 넣고 싶지 않을 때는 어떻게 하면 좋을까? [예제 2-2]에서는 로그인이 필요한 메이븐 저장소를 설정합니다.

예제 2-2 로그인이 필요한 메이븐 저장소 설정

```
repositories {
    maven {
        url 'http://repo.mycompany.com/maven2'
        credentials {
            username 'user'      ❶
            password 'password'  ❶
        }
    }
}
```

❶ 하드코딩한 값

아마 대부분은 실제 사용자명과 비밀번호를 빌드 파일에 넣지 않습니다. 그 대신 [예제 2-3]처럼 gradle.properties 파일에 이 값들을 모아 놓았습니다.

예제 2-3 gradle.properties 파일

```
login='user'
pass='my_long_and_highly_complex_password'
```

이제 [예제 2-2]에 있는 값은 [예제 2-4]와 같이 변수로 대체되었습니다.

예제 2-4 실제 값 대신 변수로 로그인 정보 대체

```
repositories {
    maven {
        url 'http://repo.mycompany.com/maven2'
        credentials {
            username login ❶
            password pass  ❶
        }
    }
}
```

❶ gradle.properties를 참조하거나 명령창에서 입력할 수 있다.

-P 옵션을 사용하면 변수 값을 명령창에서 입력할 수도 있습니다.

예제 2-5 -P 옵션으로 그레이들 실행

```
> gradle -Plogin=me -Ppassword=this_is_my_password assembleDebug
```

[예제 2-6]은 앞의 내용을 복합적으로 적용하면 어떤 일이 발생하는지를 보여줍니다.

예제 2-6 속성값을 다양한 방식으로 적용

```
ext {
    if (!project.hasProperty('user')) {  ❶
        user = 'user_from_build_file'
    }
    if (!project.hasProperty('pass')) {  ❶
        pass = 'pass_from_build_file'
    }
}
task printProperties() {                 ❷
    doLast {
        println "username=$user"
        println "password=$pass"
    }
}
```

❶ 프로젝트 속성값이 존재하는지 확인
❷ 속성값을 출력하는 사용자 정의 태스크

별도의 설정 없이 printProperties 태스크를 실행하면 가장 먼저 ext 블록의 값을 참조합니다.

예제 2-7 ext 값 출력

```
> ./gradlew printProperties
:app:printProperties
username=user_from_build_file
password=pass_from_build_file
```

만약 gradle.properties 파일에 정의하였다면 결과는 [예제 2–8], [예제 2–9]와 같이 달라집니다.

예제 2-8 gradle.properties에 속성값 정의

```
user=user_from_gradle_properties
pass=pass_from_gradle_properties
```

예제 2-9 gradle.properties 값 출력

```
> ./gradlew printProperties
:app:printProperties
username=user_from_gradle_properties
password=pass_from_gradle_properties
```

[예제 2–10]처럼 명령창에서 변수의 값을 입력할 수 있는데, 우선순위가 가장 높습니다.

예제 2-10 명령창에서 정의한 속성값을 출력

```
./gradlew -Puser=user_from_pflag -Ppass=pass_from_pflag printProperties
:app:printProperties
username=user_from_pflag
password=pass_from_pflag
```

ext 블록과 속성 파일, 명령창을 잘 조합하면 웬만한 경우에는 무리 없이 활용할 수 있습니다.

함께 보기

사용자 정의 태스크에 관해서는 레시피 4.1을 참고하세요. 레시피 1.7에서는 저장소를 설정하는 방법에 관하여 다룹니다.

2.2 이클립스 ADT에서 안드로이드 스튜디오로 전환하기

문제

기존의 이클립스에서 개발한 애플리케이션을 안드로이드 스튜디오로 전환하고 싶다.

해결

안드로이드 스튜디오에서는 '가져오기(import)' 마법사를 제공한다.

논의

[그림 2-1]은 이클립스 ADT나 그레이들로 만든 프로젝트를 안드로이드 스튜디오로 가져올 수 있는 환영 페이지를 보여줍니다. [Import project]를 클릭하면 기존의 이클립스 ADT 프로젝트를 탐색하는 화면이 나옵니다.

그림 2-1 프로젝트 가져오기를 포함한 안드로이스 스튜디오의 환영 페이지

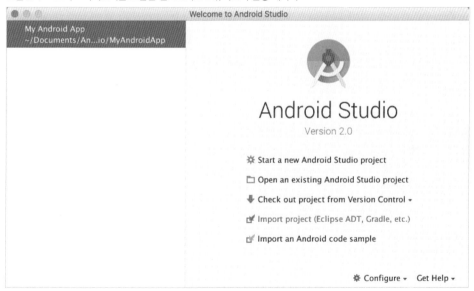

[그림 2-2]는 옛날 방식의 프로젝트 구조로, res, src와 AndroidManifest.xml 파일이 모두 프로젝트 루트 디렉터리에 있습니다.

그림 2-2 이클립스 ADT 프로젝트 선택하기

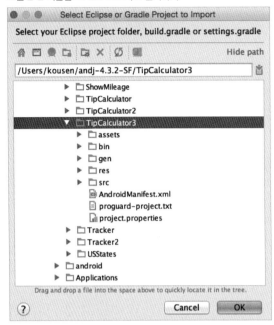

대상 디렉터리를 고르면(마법사는 기존 프로젝트 디렉터리에 그대로 덮어쓰지 않습니다) 마법사는 libs 디렉터리에 있는 JAR 파일을 그레이들 파일의 dependencies 블록으로 변환할 것인지를 다른 옵션들과 함께 물어봅니다.

그림 2-3 프로젝트 가져오기 옵션

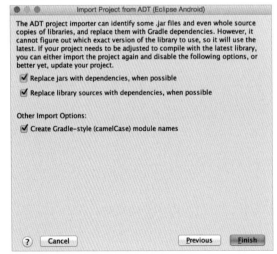

그다음, 마법사는 프로젝트의 구조를 다시 만들고 빌드를 시작합니다. 기본적으로 주요 변경사항은 import-summary.txt에 저장하는데, [예제 2-11]은 그 예시입니다.

예제 2-11 프로젝트 가져오기의 summary 파일 예시

```
ECLIPSE ANDROID PROJECT IMPORT SUMMARY
======================================

Ignored Files:
_____

The following files were *not* copied into the new Gradle project; you should
evaluate whether these are still needed in your project and if so manually move
them:

* proguard-project.txt

Moved Files:
_____

Android Gradle projects use a different directory structure than ADT Eclipse
projects. Here's how the projects were restructured:

* AndroidManifest.xml => app/src/main/AndroidManifest.xml
* assets/ => app/src/main/assets
* res/ => app/src/main/res/
* src/ => app/src/main/java/

Next Steps:
_____

You can now build the project. The Gradle project needs network connectivity to
download dependencies.

Bugs:
____

If for some reason your project does not build, and you determine that it is due
to a bug or limitation of the Eclipse to Gradle importer, please file a bug at
http://b.android.com with category Component-Tools.

(This import summary is for your information only, and can be deleted after import
once you are satisfied with the results.)
```

Proguard에 관한 내용을 제외하면 거의 단순히 파일을 이동하는 작업입니다. 생성된 프로젝트 build.gradle 파일도 신규 프로젝트를 만들었을 때와 차이가 없습니다.

예제 2-12 생성된 프로젝트 build.gradle

```
buildscript {
```

```
    repositories {
        jcenter()
    }
    dependencies {
        classpath 'com.android.tools.build:gradle:2.0.0'
    }
}
allprojects {
    repositories {
        jcenter()
    }
}
```

[예제 2-13]처럼 app 디렉터리에는 원래 프로젝트의 내용이 담겨있습니다. 그런데 이 빌드
파일에는 dependencies 블록이 없습니다. 이는 원래 프로젝트에서 참조하는 JAR 파일이 없
었기 때문입니다.

예제 2-13 app 모듈 build.gradle

```
apply plugin: 'com.android.application'

android {
    compileSdkVersion 17
    buildToolsVersion "23.0.3"
    defaultConfig {
        applicationId "com.example.tips"
        minSdkVersion 8
        targetSdkVersion 17
    }
    buildTypes {
        release {
            minifyEnabled false
            proguardFiles getDefaultProguardFile('proguard-android.txt'),
            'proguard-rules.txt'
        }
    }
}
```

마지막으로 settings.gradle이 생성되는데, 이 파일에는 app 모듈만 정의되어 있습니다.

예제 2-14 생성된 settings.gradle 파일

```
include ':app'
```

AndroidManifest.xml 파일에는 변경된 것이 없고, 안드로이드 스튜디오에서 이 파일을 열면 몇 개의 경고가 표시됩니다.

예제 2-15 AndroidManifest.xml의 경고 표시

```
<?xml version="1.0" encoding="utf-8"?>
<manifest xmlns:android=http://schemas.android.com/apk/res/android
    package="com.example.tips"
    android:versionCode="1"
    android:versionName="1.0" >

    <uses-sdk
        android:minSdkVersion="8"
        android:targetSdkVersion="17" /> ❶
    <application
        <!— no problems —!>
    </application>
</manifest>
```

❶ 다수의 경고 발생

첫 번째 경고는 targetSdkVersion이 옛날 버전이라는 것입니다. 또한, minSdkVersion과 targetSdkVersion 값이 그레이들 빌드 파일에 의해 덮어쓰기될 수 있다는 것을 알려줍니다. 그레이들 빌드 값으로 대체되므로 Manifest 파일에서 uses-sdk 태그를 지우고 그레이들 빌드 파일에만 해당 값을 지정하는 것이 좋습니다.

함께 보기

레시피 4.4는 그레이들 파일에서 sourceSet 값을 지정하는 방법을 다룹니다. 레시피 2.3은 이클립스에서 기존 프로젝트 구조를 유지하면서 그레이들로 빌드할 수 있게 설정하는 방법을 알려줍니다.

2.3 이클립스로 이클립스 ADT 프로젝트 내보내기

문제

기존 이클립스 ADT 프로젝트를 그레이들 빌드로 바꾸고 싶다.

해결

이클립스 ADT 플러그인으로 그레이들 빌드를 생성할 수 있다.

논의

이클립스를 위한 안드로이드 개발자 도구^{ADT, Android Developer Tools} 플러그인은 2013년에 그레이들 빌드 프로세스가 등장하기 전까지 안드로이드 프로젝트를 만드는 주된 IDE였습니다. 이제 이 클립스 ADT 프로젝트는 퇴화^{Deprecated}되었지만 레거시 프로젝트는 여전히 존재합니다.

ADT 플러그인은 기존 프로젝트를 유지한 상태에서 그레이들 빌드 파일을 생성할 수 있습니다.

 이클립스 ADT에서 안드로이드 스튜디오를 전환할 때는 안드로이드 스튜디오에서 제공하는 가져오기 마 법사를 활용하기 바랍니다. 지금 설명하는 내용은 추천 방식이 아닙니다.

이 방법은 추천하는 방식이 아니므로 혹시 실무에서 문제가 발생하지 않도록 대비책을 제시하 겠습니다. 기존 프로젝트 구조를 유지하려면 그레이들에서 제공하는 sourceSet 매핑을 설정 합니다. 이클립스 ADT 프로젝트 구조는 소스 코드가 src 디렉터리에, 리소스가 res 디렉터리 에 있고, AndroidManifest.xml 파일이 프로젝트 루트 디렉터리에 있습니다. 그레이들의 표 준 구조에서는 이 내용이 모두 다릅니다.

[예제 2-16]은 이클립스 ADT의 옛날 프로젝트 구조를 새로운 구조에 그대로 매핑하여 사용 하게 해줍니다.

예제 2-16 옛날 구조를 새로운 구조에 매핑

```
android {
    compileSdkVersion 18
    buildToolsVersion "17.0.0"
    defaultConfig {
```

```
            minSdkVersion 10
            targetSdkVersion 17
    }

    sourceSets {
        main {
            manifest.srcFile 'AndroidManifest.xml'
            java.srcDirs = ['src']
            resources.srcDirs = ['src']
            aild.ext.srcDirs = ['src']
            renderscript.srcDirs = ['src']
            res.srcDirs = ['res']
            assets.srcDirs = ['assets']
        }
    }
}
```

SDK 설정 부분은 앞서 나왔던 내용과 동일하지만, sourceSets 블록은 흥미롭습니다. 새로운 프로젝트 구조에서 소스 코드는 src/main/java 디렉터리에 위치하는데, 기존 프로젝트 구조에서는 src 디렉터리입니다. 따라서 sourceSets 블록은 srcDirs 속성에 /src/main/java 디렉터리를 src로 매핑합니다. 같은 방식으로 나머지 디렉터리도 기존 구조로 매핑합니다.

[예제 2-17]처럼 테스트 디렉터리와 빌드 타입을 변경하는 경우도 어쩌다 볼 수 있습니다.

예제 2-17 테스트와 빌드 타입 루트 변경

```
sourceSets {
    main {
        manifest.srcFile 'AndroidManifest.xml'
        java.srcDirs = ['src']
        resources.srcDirs = ['src']
        aidl.srcDirs = ['src']
        renderscript.srcDirs = ['src']
        res.srcDirs = ['res']
        assets.srcDirs = ['assets']
    }
    // 테스트 디렉터리를 tests로 지정 예) tests/java, tests/res 등
    instrumentTest.setRoot('tests')

    // 빌드 타입 디렉터리를 build-types 디렉터리 하위로 이동
    // 예를 들면 build-types/debug/java, …
    // src/<type>/ 디렉터리와 충돌을 방지하고자 별도로 이동
    // 새로운 빌드 타입과 제품 특성 추가 시 유사하게 적용하면 됨
```

```
        debug.setRoot('build-types/debug')
        release.setRoot('build-types/release')
    }
```

빌드 파일의 주석은 변환 과정에서 이클립스 ADT 도구가 실제로 추가한 것입니다.

함께 보기

레시피 4.4는 soruceSets 속성에 관하여 좀 더 자세하게 다룹니다.

2.4 그레이들을 새 버전으로 업그레이드하기

문제

애플리케이션에서 사용하는 그레이들의 버전을 변경하고 싶다.

해결

새로운 래퍼 태스크를 생성하거나 그레이들 래퍼 속성 파일을 변경한다.

논의

안드로이드 스튜디오에는 그레이들 배포판이 포함되어 있습니다. 새로운 안드로이드 프로젝트를 생성하면 IDE는 자동으로 gradlew 스크립트(윈도우는 gradlew.bat)를 실행하는데, 이것은 사용자가 그레이들을 수동으로 설치하지 않아도 정해진 그레이들 버전을 다운로드하고 설치합니다.

일반적으로 소프트웨어 프로젝트는 오랫동안 사용되지만, 그레이들은 정기적으로 새로운 버전을 배포합니다. 성능상의 이슈(새로운 버전의 성능이 빠릅니다)나 프로젝트에 새로운 기능을 추가하기 위하여 그레이들을 새로운 버전으로 업데이트해야 합니다. 그러려면 다음 중 한 가지를 선택하면 됩니다.

1. build.gradle 파일에 wrapper 태스크를 추가하고 버전을 명시합니다.
2. gradle-wrapper.properties 파일을 열어 distributionUrl 속성값을 변경합니다.

첫 번째 방법은 프로젝트에서 이미 그레이들 최신 버전을 로드한 경우입니다. 기본으로 그레이들에는 wrapper 태스크가 포함되어 있습니다. 이를 확인하려면 [예제 2-18]과 같이 gradle tasks 명령을 실행합니다.

예제 2-18 전체 태스크 목록에서 wrapper 태스크 확인하기

```
> ./gradlew tasks
------------------------------------------------
All tasks runnable from root project
------------------------------------------------

// ...

Build Setup tasks
-----------------
wrapper - Generates Gradle wrapper files. [incubating]  ❶

// ...

BUILD SUCCESSFUL
```

❶ wrapper 태스크는 내장 태스크다.

gradle wrapper 명령에는 --gradle-version 인자를 넣을 수 있습니다. 따라서 그레이들을 원하는 버전으로 교체하려면 [예제 2-19]와 같이 명령창에서 직접 입력하면 됩니다.

예제 2-19 명령창에서 그레이들 버전 지정하기

```
> ./gradlew wrapper --gradle-version 2.12
:wrapper

BUILD SUCCESSFUL
Total time: ... sec
```

명령창에 넣는 것이 번거롭다면 명시적으로 프로젝트 build.gradle에 wrapper 태스크를 추가할 수도 있습니다. [예제 2-20]과 같이 태스크 안에 gradleVersion 값을 넣으면 ./gradlew wrapper를 실행했을 때 새로운 래퍼 파일을 자동으로 생성합니다.

예제 2-20 프로젝트 build.gradle에 wrapper 추가하기

```
task wrapper(type: Wrapper) {
    gradleVersion = 2.12
}
```

때때로 기존 래퍼의 버전이 너무 오래되면 안드로이드 스튜디오에서 기존의 빌드 파일을 동기화하는 데 실패하여 이후에 어떤 그레이들 태스크도 실행할 수 없을 때도 있습니다. 이때는 그레이들 래퍼가 처음 실행될 때 참고하는 파일을 직접 변경해야 합니다.

[예제 2-21]처럼 그레이들 래퍼는 gradlew나 gradlew.bat 파일 뿐만 아니라 gradle/wrapper 디렉터리에 있는 gradle-wrapper.jar와 gradle-wrapper.properties 파일을 모두 참조합니다.

예제 2-21 그레이들 래퍼 관련 파일들

```
gradlew
gradlew.bat
gradle/wrapper/
    gradle-wrapper.jar
    gradle-wrapper.properties
```

gradle-wrapper.properties 파일은 [예제 2-22]와 같이 distributionUrl 속성을 가지고 있습니다. 이 정보를 가지고 그레이들 래퍼는 어떤 버전을 다운로드하고 어디에 설치할지를 결정합니다.

예제 2-22 gradle-wrapper.properties 파일의 내용

```
#... date of most recent update ...
distributionBase=GRADLE_USER_HOME
distributionPath=wrapper/dists
zipStoreBase=GRADLE_USER_HOME
zipStorePath=wrapper/dists
distributionUrl=https\://services.gradle.org/distributions/gradle-2.12-bin.zip
```

이 파일을 수정하는 것을 겁낼 필요는 없습니다. distributionUrl 속성에는 사용하기 원하는 버전을 자유롭게 기술하면 됩니다. 명령창에 인자로 입력하거나 명시적으로 wrapper 태스크에 원하는 버전을 입력하는 것은 기존 배포판을 지우는 것이 아니라 새로운 버전을 추가하는

작업입니다(URL에 있는 bin을 주목하세요). 이 경우 안드로이드 스튜디오를 실행하면 [그림 2-4]
처럼 바이너리(bin)뿐만 아니라 소스 코드를 포함한 완전판을 다운로드하기를 추천하는 창이
나타납니다.

그림 2-4 그레이들의 소스 배포판 업그레이드를 추천하는 창

창의 링크를 클릭하면 [예제 2-23]과 같이 distributionUrl 속성값이 all로 변경됩니다.

예제 2-23 gradle-wrapper.properties 파일 변경

```
#... date of most recent update ...
distributionBase=GRADLE_USER_HOME
distributionPath=wrapper/dists
zipStoreBase=GRADLE_USER_HOME
zipStorePath=wrapper/dists
distributionUrl=https\://services.gradle.org/distributions/gradle-2.12-all.zip  ❶
```

❶ all은 소스 코드까지 포함한다.

링크를 클릭하지 않고 gradle-wrapper.properties 파일을 직접 수정해도 됩니다. 이때 bin
대신에 all을 넣습니다.

2.5 프로젝트 내 공통 내용 설정하기

문제

여러 모듈 간에 중복된 설정값을 제거하고 싶다.

해결

프로젝트 build.gradle 파일의 allprojects 또는 subprojects 블록을 활용한다.

논의

안드로이드 스튜디오에서 새로운 안드로이드 프로젝트를 생성하면 IDE는 그레이들의 멀티 프로젝트로 생성합니다. 이때 빌드 스크립트는 최상위 디렉터리에 프로젝트 build.gradle을 생성하고 app 디렉터리에는 모듈 build.gradle을 생성합니다. 이때 프로젝트 build.gradle에는 [예제 2-24]와 같이 allprojects 블록이 있습니다.

예제 2-24 프로젝트 build.gradle 파일의 allprojects 블록

```
allprojects {
    repositories {
        jcenter()
    }
}
```

allprojects 블록은 그레이들 DSL에 명시되어 있으므로 안드로이드 전용이 아니라 모든 그레이들 프로젝트에서 사용할 수 있습니다. allprojects 속성은 그레이들의 Project API에 해당하며 org.gradle.api.Project 클래스의 속성으로 현재 프로젝트와 그 하위 프로젝트를 포함하는 집합입니다. 또한, 같은 이름을 가진 메서드도 있습니다.[1] 이 메서드는 현재 프로젝트와 모든 하위 프로젝트를 설정할 수 있게 합니다.

 그레이들 API에는 속성과 메서드 이름이 같은 경우가 많습니다. 이때에는 문맥에 따라 맞는 것이 적용됩니다.

메서드의 동작은 allprojects 컬렉션에서 리턴된, 각 프로젝트에 인자로 전달된 클로저를 적용하는 것입니다. 안드로이드의 경우 최상위 프로젝트와 app 모듈에 해당합니다. [예제 2-24]처럼 repositories 블록이 정의되어 있어서 app 모듈에서는 별도로 repositories 블록을 정의하지 않아도 됩니다.

allprojects 블록의 대안은 subprojects 블록을 활용하는 것입니다. 안드로이드 라이브러리 프로젝트를 다수 포함하고 있다면, 각 모듈의 build.gradle에서 'com.android.library' 플러그인을 매번 지정해야 합니다. 하위 프로젝트가 모두 라이브러리 프로젝트라면 각 모듈의 build.gradle에 명시하지 않고 [예제 2-25]와 같이 프로젝트 build.gradle에만 기재하면 됩니다.

---

1 옮긴이주_allprojects() 메서드

예제 2-25 프로젝트 build.gradle에 subprojects 블록 적용하기

```
subprojects {
    apply plugin: 'com.android.library'
}
```

예상할 수 있듯이 subprojects 속성은 하위 프로젝트의 집합을 리턴하고 subprojects 메서
드는 인자로 전달된 클로저를 각각의 하위 프로젝트에 적용합니다.

| 고급 활용 |

그레이들 DSL에서 Project에 있는 allprojects 메서드를 보면(문서 링크는 레시피 6.2 참
조) 메서드의 인자가 org.gradle.api.Action 객체임을 알 수 있습니다. [예제 2-26]에는
allprojects 메서드의 시그니처가 나와 있습니다.

예제 2-26 Project 클래스의 allprojects 메서드 시그니처

```
void allprojects(Action<? super Project> action)
```

문서에 따르면 인자로 전달된 Action은 현재 프로젝트와 하위 프로젝트 각각에서 실행되고,
Action<T> 인터페이스에는 한 개의 인자를 갖는 execute( ) 메서드만 존재합니다. 이는 암시
적으로 Action 인터페이스에 맞는 클래스를 인스턴스화하여 인자로 전달하는 것을 가정합니
다. 자바(Java SE 8 이전)에서는 보통 [예제 2-27]처럼 익명 내부 클래스로 만들어졌습니다.

예제 2-27 익명 내부 클래스를 사용하여 자바 언어로 allprojects 블록 구현하기

```
project.allprojects(new Action<Project>() {
    void execute(Project p) {
        // do whatever you like with the project
    }
});
```

그루비에서는 단일 메서드를 포함하는 인터페이스를 구현할 때 인자로 클로저를 넘기면 됩니
다. 이는 클로저가 인터페이스의 구현체가 되는 것입니다. allprojects와 subprojects 메서
드의 그레이들 구현은 컬렉션에 있는 각 프로젝트에 클로저를 전달하여 실행합니다.

[예제 2-24]에서는 allprojects 메서드에 클로저를 전달하고 있습니다. 이 클로저에서는
repositories 블록을 정의하고 내부에서는 jcenter( )를 활용하도록 지정하고 있습니다.

Java SE 8에서는 앞에서와 같은 형식의 람다^{Lambda} 표현식을 지원합니다. Java 8 람다를 소위 '함수형 인터페이스^{Functional Interface}'라고 부르는데, 이것은 오직 한 개의 추상 메서드만 포함해야 합니다. 그루비는 언어가 만들어질 때부터 클로저를 지원하고 있습니다.

 그레이들은 2.0 버전부터 Java SE 8을 지원하지만, 안드로이드 SDK에서는 아직 지원하지 않습니다. 안드로이드 누가^{Nougat} 버전과 안드로이드 스튜디오 2.1에서 람다 표현식을 지원할 예정입니다.[2]

함께 보기

자세한 내용은 그레이들 소스 코드(https://github.com/gradle/gradle)를 참고하세요.

2.6 배포할 APK 서명하기

문제

구글 플레이 스토어에 배포하기 위하여 APK를 서명하고 싶다.

해결

자바의 keytool 명령으로 인증서^{Certificate}를 생성하고 모듈 build.gradle 파일에 signing Configs 블록을 설정한다.

논의

모든 APK^{Android package} 파일은 외부에 배포되기 전에 서명을 첨부해야 합니다. 기본값으로 안드로이드는 디버그(debug) 모드로 서명합니다. 이것을 확인하려면 JDK에 포함된 keytool 명령을 실행합니다.

기본적으로 디버그 키 저장소(keystore)는 홈 디렉터리의 .andoid 디렉터리에 위치합니다. 키 저장소의 이름은 'debug.keystore'고 'android'라는 비밀번호로 설정되어 있습니다. [예제

---

2 옮긴이주_안드로이드 누가에서는 Java SE 8과 람다 표현식을 지원합니다.

2-28]은 기본 인증시를 나열하고 있습니다.

예제 2-28 디버그 키 저장소 표시하기(Mac OS X)

```
> cd ~/.android
> keytool -list -keystore debug.keystore
Enter keystore password: ("android")

Keystore type: JKS
Keystore provider: SUN

Your keystore contains 1 entry

androiddebugkey, Feb 9, 2013, PrivateKeyEntry,
Certificate fingerprint (SHA1):
B7:39:B5:80:BE:A0:0D:6C:84:4F:A1:1F:4B:A1:00:14:12:25:DA:14
```

키 저장소 종류는 JKS로, 이것은 'Java KeyStore'를 의미하고 공개키[Public Key]와 비밀키[Private Key]를 사용할 수 있습니다. 자바는 그외 JCEKS[Java Cryptography Extensions KeyStore]를 제공하는데, 안드로이드 애플리케이션에서는 사용하지 않습니다.

키 저장소는 'androiddebugkey'라는 별명[Alias]으로 자가 서명한 인증서를 가지고 있어서 에뮬레이터나 연결된 타깃 디바이스에 배포할 때 이것을 사용합니다.

 디버그 키 저장소를 초기화하려면 debug.keystore 파일을 제거하면 됩니다. 다음 배포할 때 자동으로 생성됩니다.

외부에 배포하려면 별도의 서명을 해야 합니다. 즉, 디버그 키가 아닌 릴리스[release]키를 생성해야 합니다. 이것 또한 keytool 명령을 사용합니다. 이는 [예제 2-29]처럼 간단히 실행할 수 있습니다.

예제 2-29 릴리스 키 생성하기

```
keytool -genkey -v -keystore myapp.keystore -alias my_alias -keyalg RSA -keysize
2048 -validity 10000 (all on one line)
Enter keystore password: (probably shouldn't use use "password")
Re-enter new password: (but if you did, type it again)
What is your first and last name?
[Unknown]: Ken Kousen
What is the name of your organizational unit?
[Unknown]:
What is the name of your organization?
```

```
[Unknown]: Kousen IT, Inc.
What is the name of your City or Locality?
[Unknown]: Marlborough
What is the name of your State or Province?
[Unknown]: CT
What is the two-letter country code for this unit?
[Unknown]: US
Is CN=Ken Kousen, OU=Unknown, O="Kousen IT, Inc.", L=Marlborough,
ST=CT, C=US correct?
[no]: yes

Generating 2,048 bit RSA key pair and self-signed certificate (SHA256withRSA)
with a validity of 10,000 days for: CN=Ken Kousen, OU=Unknown,
O="Kousen IT, Inc.", L=Marlborough, ST=CT, C=US
Enter key password for <my_alias>
(RETURN if same as keystore password):
[Storing myapp.keystore]
```

RSA 알고리즘은 공개키, 비밀키 쌍을 생성하는 데 사용합니다. 이들 키는 2K의 길이를 가지고 있고 SHA256 알고리즘으로 서명하며 유효기간은 10,000일입니다(대략 27년 정도).

이제 jarsigner와 zipalign 명령으로 APK 파일에 서명하면 되지만, 그레이들에서는 더욱 간편하게 할 수 있습니다. [예제 2-30]과 같이 android 클로저 하위에 signingConfigs 블록을 추가합니다.

예제 2-30 모듈 build.gradle 파일에서 signingConfigs 블록 정의하기

```
android {
    // ... other sections ...
    signingConfigs {
        release {
            keyAlias 'my_alias'
            keyPassword 'password'
            storeFile file('/Users/kousen/keystores/myapp.keystore')
            storePassword 'password'
        }
    }
}
```

일반적으로 빌드 스크립트에 하드코딩한 값은 넣지 않습니다. 따라서 gradle.properties 파일에 넣거나 명령창의 인자로 넘길 수 있습니다. 자세한 내용은 레시피 2.1을 참고하기 바랍니다.

DSL 문서에 따르면 `signingConfigs` 블록은 SigningConfig 클래스의 인스턴스에 위임하며 다음 4개 속성이 주로 사용됩니다.

- **keyAlias** 서명할 때 keytool에서 사용한 키의 별칭
- **keyPassword** 서명할 때 사용한 키의 비밀번호
- **storeFile** keytool에 의해 생성된 키와 인증서를 저장하는 물리적인 파일
- **storePassword** 키 저장소의 비밀번호

그 외에 storeType 속성([예제 2-29]와 같이 기본값은 JKS)도 있지만, 거의 사용되지 않습니다. 배포할 때 적용하려면 [예제 2-31]처럼 signingConfig 속성에 앞에서 정의한 설정을 release 빌드 타입에 지정해야 합니다.

예제 2-31 릴리스 빌드에 서명에 관한 설정하기

```
android {
    // ... other sections ...
    buildTypes {
        release {
            // ... other settings ...
            signingConfig signingConfigs.release
        }
    }
}
```

그레이들의 assembleRelease 태스크를 실행하면 서명된 APK가 생성되고, 이 파일은 app/build/outputs/apk 디렉터리에서 확인할 수 있습니다.

예제 2-32 assembleRelease 태스크 실행하기

```
> ./gradlew assembleRelease
:app:preBuild UP-TO-DATE
:app:preReleaseBuild UP-TO-DATE
// ... lots of tasks ...
:app:zipalignRelease UP-TO-DATE
:app:assembleRelease UP-TO-DATE

BUILD SUCCESSFUL

kousen at krakatoa in ~/Documents/AndroIDstudio/MyAndroidApp
> ls -l app/build/outputs/apk
total 12088
```

```
-rw-r--r-- 1 kousen staff 1275604 Aug 24 15:05 app-debug.apk
-rw-r--r-- 1 kousen staff 1275481 Aug 26 21:04 app-release.apk
```

키 저장소는 절대로 분실하면 안 됩니다. 분실하게 되면 앞으로 새로운 버전의 애플리케이션을 출시할 수 없게 됩니다.

 애플리케이션의 모든 버전은 같은 키로 서명해야 합니다. 그렇지 않으면 새 버전은 완전히 다른 애플리케이션으로 취급됩니다.

키 저장소는 안전한 곳에 보관하세요. 자가 서명한 인증서를 사용하고 있지만, 이것은 암호화 목적에는 적합하지 않습니다. 암호화는 무결성(APK가 변형되지 않았음을 보장함)과 부인봉쇄(당신만이 그것에 서명했다는 것을 보장함)를 위하여 필요합니다. 만약 다른 사람이 당신의 키 저장소를 획득하였다면 그들은 당신의 이름으로 다른 애플리케이션에 서명할 수 있게 됩니다.

함께 보기

레시피 2.7은 안드로이드 스튜디오에서 같은 작업을 합니다.

2.7 안드로이드 스튜디오에서 APK 서명하기

문제

안드로이드 스튜디오를 활용하여 서명에 관한 설정을 생성하고 빌드 타입에 지정하고 싶다.

해결

Build 메뉴에서 서명에 관한 설정을 생성하고, Project Structure 창에서는 그것을 빌드 타입과 제품 특성에 지정하는 탭을 제공한다.

논의

안드로이드 스튜디오를 실행하여 [Build → Generate Signed APK...] 메뉴로 이동합니다.

그림 2-5 Generate Signed APK 팝업

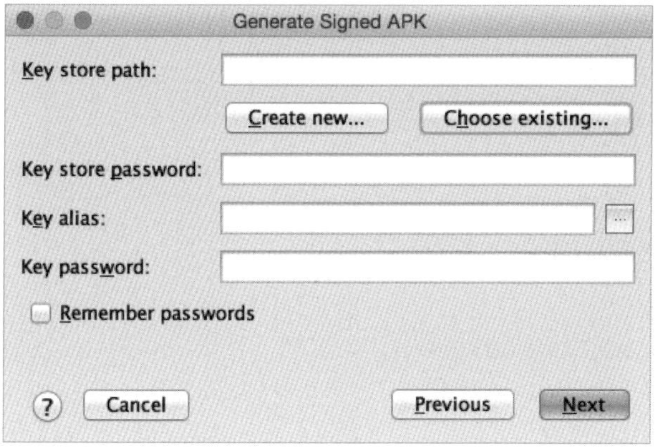

[Create new...] 버튼을 클릭한 후 키 저장소의 위치를 입력하고 키 쌍을 생성합니다.

그림 2-6 새로운 키 저장소 팝업

[Choose existing...] 버튼을 선택한다면 [그림 2-7]과 같이 선택한 저장소의 비밀번호와 별
명을 모두 입력하면 됩니다.

그림 2-7 기존 키 저장소 사용하기

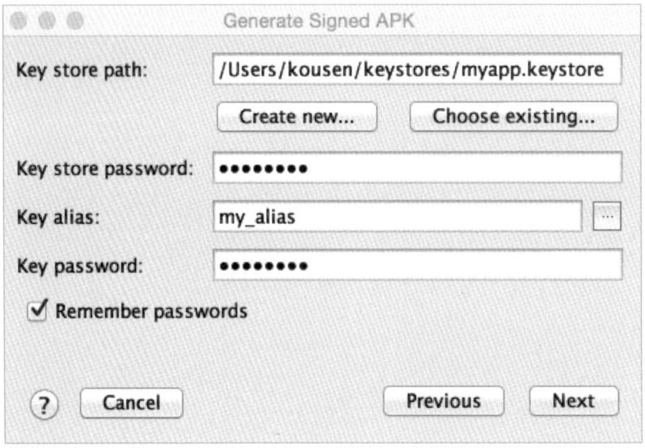

자가 서명한 인증서가 생성되면 실제 빌드할 때 참조하도록 지정해야 하는데, [Project Structure → Signing]에서 인증서의 설정값을 입력하면 됩니다.

그림 2-8 Signing 탭

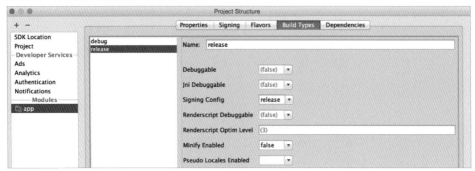

앞에서 설정한 값(release)을 Build Types 탭의 Signing Config 속성으로 지정합니다.

그림 2-9 서명에 관한 설정값을 빌드 타입에 지정하기

제품 특성에 대해서도 서명에 관한 설정값을 지정할 수 있습니다. 자세한 내용은 제품 특성에 관한 레시피에서 다룹니다.

함께 보기

레시피 2.6은 명령창에서 서명 키를 생성하는 방법을 알려줍니다. 또한, 모듈 build.gradle 파일에서 직접 관련 내용을 변경하는 방법도 다룹니다.

CHAPTER 3

빌드 타입과 제품 특성

3.1 빌드 타입 이해하기

문제

디버그와 릴리스 빌드 타입을 정의하고 필요한 경우 새로운 타입을 만들고 싶다.

해결

모듈 build.gradle 파일의 android 하위의 buildTypes 블록을 설정한다.

논의

빌드 타입[Build Type]은 애플리케이션을 어떻게 패키징할 것인지 결정합니다. 그레이들을 위한 안드로이드 플러그인에서는 기본으로 디버그(debug)와 릴리스(release) 모드를 가지고 있으며, 둘 다 모듈 build.gradle 파일의 buildTypes 블록에서 정의합니다. [예제 3-1]은 새로운 안드로이드 프로젝트를 생성했을 때 만들어지는 buildTypes 블록을 보여줍니다.

예제 3-1 모듈 build.gradle 파일의 buildTypes 블록

```
android {
    buildTypes {
        release {
            minifyEnabled false
```

```
                proguardFiles getDefaultProguardFile('proguard-android.txt'),
    'proguard-rules.pro'
            }
        }
    }
```

이 예제에는 릴리스 빌드 타입만 표시하고 있지만, 기본 설정을 변경하고 싶다면 debug 블록을 추가하고 원하는 값을 재지정하면 됩니다. 지정할 수 있는 전체 속성값은 DSL 문서에서 com. android.build.gradle.intenal.dsl.BuildType 클래스[1]를 참고하세요.

예제의 minifyEnabled는 애플리케이션을 패키징할 때 사용하지 않는 리소스를 자동으로 제거할 것인지 나타냅니다. [예제 3-2]처럼 true로 설정하면 그레이들은 빌드할 때 의존하는 라이브러리까지 조사하여 불필요한 리소스를 제거합니다. 이때는 shrinkResources 속성도 true로 설정해야 합니다.[2] 자세한 내용은 Resource Shrinking[3] 페이지를 참고하세요.

예제 3-2 불필요한 리소스를 제거하고 코드 줄이기

```
android {
    buildTypes {
        release {
            minifyEnabled true      ❶
            shrinkResources true    ❷
            proguardFiles getDefaultProguardFile('proguard-android.txt'),
             'proguard-rules.pro'
        }
    }
}
```

❶ 코드 줄이기 실행
❷ 리소스 줄이기 실행

빌드 타입에 관한 다른 속성으로 debuggable이 있습니다. 디버그 빌드를 할 때는 자동으로 debuggable 값을 true로 설정하고 그 외의 빌드 타입(예. 릴리스)에서는 기본값이 false입니다.

---

1 http://google.github.io/android-gradle-dsl/current/index.html
2 옮긴이주_minifyEnabled의 주 용도는 역컴파일 방지를 위한 ProGuard 적용 여부입니다. minifyEnabled와 shrinkResources 모두 true로 설정해야만 불필요한 리소스를 제거합니다.
3 https://developer.android.com/studio/build/shrink-code.html

한 대의 타깃 디바이스에 여러 빌드 타입을 설치하려면 application ID를 다르게 지정해야 합니다. applicationIDsuffix 속성을 지정하면 [예제 3-3]과 같이 application ID를 빌드 타입별로 다르게 유지할 수 있습니다.

예제 3-3 접미사로 application ID와 버전명 붙이기

```
android {
    // 다른 속성
    buildTypes {
        debug {
        applicationIDsuffix '.debug'
        versionNameSuffix '-debug'
    }
        //  다른 빌드 타입
    }
}
```

이제 같은 애플리케이션의 디버그 버전과 릴리스 버전을 같은 기기에 설치할 수 있습니다. 휴대전화의 [Settings → Apps]에 들어가면 [그림 3-1]과 같이 두 버전이 같은 이름으로 표시되며, 이 둘을 구별하려면 [그림 3-2]처럼 App info 화면으로 가서 버전명까지 확인해야 합니다.

그림 3-1 디버그와 릴리스 두 버전 모두 설치

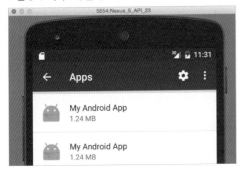

그림 3-2 App info 메뉴에서 버전명 확인

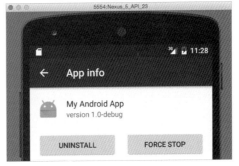

함께 보기

애플리케이션의 이름을 다르게 하면 리소스도 다르게 병합하는 경우도 생기는데, 이에 관한 자세한 내용은 레시피 3.3에서 다룹니다. 빌드 타입이 다르면 소스 트리도 별도로 지정할 수 있습니다. 다른 빌드 타입(제품 특성을 포함)에 따라 소스 코드를 다르게 병합하는 것은 레시피 3.5

에서 다룹니다. 제품 특성은 레시피 3.2에서 다룹니다. 제품 특성과 빌드 타입을 합하여 '빌드
변형Build Variant'이라고 하는데, 각 변형은 리소스와 manifest 속성, 소스 코드 위치를 별도로 지
정할 수 있습니다. 자세한 내용은 레시피 3.3과 레시피 3.5에서 알려줍니다.

3.2 제품 특성과 빌드 변형

문제

본질적으로 같은 애플리케이션이지만, 상황에 맞게 리소스나 소스 코드를 다르게 하고 싶다.

해결

제품 특성을 이용하여 같은 애플리케이션을 상황에 맞는 다른 버전으로 생성한다.

논의

빌드 타입은 개발 프로세스의 일부이며 개발 단계부터 배포 단계로 진행됩니다. 기본값은 디버
그와 릴리스가 있습니다. 제품 특성은 동일한 애플리케이션의 다양한 버전을 의미합니다. 고객
에 따라 룩앤필Look and Feel을 다르게 하고 싶거나 무료 버전과 유료 버전을 구분할 때 해당합니다.

제품 특성을 선언하려면 모듈 build.gradle 파일에서 android 하위의 productFlavors 블록
을 지정하면 됩니다. 예를 들어, 'Hello World' 안드로이드 애플리케이션을 만들어봅시다. 이
앱은 EditText에서 이름을 받아서 사용자에게 인사합니다. [예제 3-4]와 같이 조금은 재미있
게 '친절한friendly' 버전과 '오만한arrogant' 버전, '아부하는obsequious' 버전으로 나누어 보겠습니다.

예제 3-4 제품 특성 정의하기

```
android {
    productFlavors {
        arrogant {
            applicationId 'com.oreilly.helloworld.arrg'
        }
        friendly {
            applicationId 'com.oreilly.helloworld.frnd'
```

```
        }
        obsequious {
            applicationId 'com.oreilly.helloworld.obsq'
        }
    }
}
```

이 경우 각각의 버전은 `applicationId`를 다르게 하고 있으므로 세 버전 모두 하나의 기기에 설치할수 있습니다.

 제품 특성은 빌드 타입과 겹치면 안 됩니다. 또한, 미리 선언된 'androidTest'라는 이름도 가질 수 없습니다.

각 제품 특성은 다음 속성을 다르게 정의할 수 있습니다. `signingConfig`를 제외한 나머지 속성은 `defaultConfig` 블록 하위에서 지정한 것들입니다.

- applicationId
- minSdkVersion
- targetSdkVersion
- versionCode
- versionName
- signingConfig

각 제품 특성은 자기만의 소스 세트와 리소스를 지정할 수 있습니다. 기본값은 main 소스 세트입니다. [예제 3-4]에서 정의한 제품 특성별로 소스 코드 디렉터리를 추가하면 기본값인 app/src/main/java 외에 다음 디렉터리가 추가됩니다.

- app/src/arrogant/java
- app/src/friendly/java
- app/src/obsequious/java

또한, 리소스 디렉터리도 추가할 수 있습니다.

- app/src/arrogant/res
- app/src/arrogant/res/layout
- app/src/arrogant/res/values

그밖에 res 디렉터리의 하위 디렉터리도 추가할 수 있습니다. 앞의 리소스 디렉터리는 나머지 제품 특성에서도 마찬가지입니다.

그림 3-3 소스 코드와 리소스를 포함하는 제품 특성

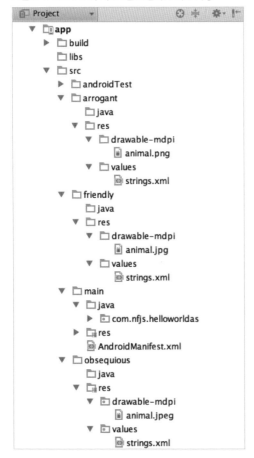

유사한 디렉터리 구조는 빌드 타입에도 적용할 수 있습니다. 앞에서 설명했듯이 빌드 타입과 제품 특성을 조합하여 '빌드 변형'이라고 부릅니다. 기본으로 제공되는 디버그, 릴리스 빌드 타입에 3개의 제품 특성(여기서는 friendly, arrogant, obsequious)를 조합하면 총 6개의 서로 다른 APK가 생성될 수 있습니다.

사용할 수 있는 모든 빌드 변형의 종류를 보려면 모듈 build.gradle 파일에 [예제 3-5]와 같은 사용자 정의 태스크를 추가합니다.

예제 3-5 사용 가능한 빌드 변형을 모두 출력하는 사용자 정의 태스크

```
task printVariantNames() {
    doLast {
        android.applicationVariants.all { variant ->
        println variant.name
        }
    }
}
```

printVariantNames 태스크를 실행하면 [예제 3-6]과 같은 결과가 출력됩니다.

 사용자 정의 태스크를 만드는 방법은 레시피 4.1에서 다룹니다.

예제 3-6 printVariantNames 태스크 실행결과

```
> ./gradlew printVariantNames
:app:printVariantNames
obsequiousDebug
obsequiousRelease
arrogantDebug
arrogantRelease
friendlyDebug
friendlyRelease
BUILD SUCCESSFUL
```

안드로이드 스튜디오의 Build Variants 뷰에서는 특정 빌드 변형을 배포할 수 있는 기능을 제공합니다. [그림 3-4]와 같이 드롭다운 리스트에서 원하는 빌드 변형을 선택합니다.

그림 3-4 안드로이드 스튜디오의 Build Variants 뷰

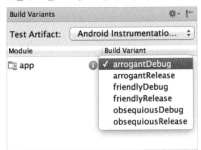

제품 특성이 정의되어 있을 때 assemble 태스크를 실행하면 모든 조합의 빌드 변형을 빌드하고, assemble〈빌드 변형〉 태스크를 실행하면 해당 빌드 변형만 APK를 생성합니다. assemble〈빌드 타입〉 태스크를 실행하면 해당 빌드 타입 기준으로 각 제품 특성을 조합하여 APK를 생성하고, assemble〈제품 특성〉 태스크를 실행하면 해당 제품 특성을 기준으로 각 빌드 타입을 조합하여 생성합니다.[4]

install 태스크도 특정 빌드 변형을 지정할 수 있는데, 예를 들어 installArrogantDebug나 installFriendlyRelease 등을 실행할 수 있습니다.

함께 보기

제품 특성과 빌드 타입에 따라 리소스를 병합하는 것은 레시피 3.3에서 다루며, 이때 소스 코드를 다르게 하는 방법은 레시피 3.5에서 다룹니다. 그레이들에서 사용자 정의 태스크를 만드는 방법은 레시피 4.1에서 다룹니다.

3.3 제품 특성에 따라 리소스 병합하기

문제

제품 특성에 맞게 이미지와 텍스트, 다른 리소스를 변경하고 싶다.

해결

제품 특성에 맞는 리소스 디렉터리를 추가하여 필요한 파일을 복사하고 적절한 값으로 변경한다.

논의

레시피 3.2에서는 태도가 다른 Hello World 애플리케이션을 만들었고, 각각 친절한^{friendly}, 오

---

4 옮긴이주_예를 들어, assembleArrogantDebug 태스크를 실행하면 한 개의 APK만 생성되고, assembleDebug 또는 assembleRelease 태스크를 실행하면 3개의 APK가 생성됩니다. 또한, assembleFriendly 태스크를 실행하면 2개의 APK가 생성됩니다.

만한[arrogant], 아부하는[obsequious] 제품 특성을 추기하였습니다. 이 애플리케이션을 실행하면 사용자에게 이름을 물어보고 그 이름으로 인사합니다. 자바 코드는 동일하지만, 제품 특성에 따라 룩앤필은 다릅니다.

[예제 3-7]은 그레이들 빌드 파일에서 제품 특성을 정의합니다. 각 제품 특성은 별도의 applicationId를 가지고 있어서 같은 기기에 모두 설치할 수 있습니다.

예제 3-7 모듈 build.gradle에서 제품 특성 정의

```
android {
    // ... other settings ...

    productFlavors {
        arrogant {
            applicationId 'com.oreilly.helloworld.arrg'
        }
        friendly {
            applicationId 'com.oreilly.helloworld.frnd'
        }
        obsequious {
            applicationId 'com.oreilly.helloworld.obsq'
        }
    }
}
```

[예제 3-8]은 MainActivity의 소스 코드로, onCreate와 sayHello 메서드가 보입니다. 액티비티는 EditText 타입의 속성을 가지며 사용자의 이름을 저장합니다. sayHello 메서드는 입력된 이름을 가져와서 Intent를 구성하고 WelcomeActivity를 실행합니다.

예제 3-8 MainActivity 클래스 소스 코드

```
public class MainActivity extends AppCompatActivity {
    private EditText editText;

    @Override
    protected void onCreate(Bundle savedInstanceState) {
        super.onCreate(savedInstanceState);
        setContentView(R.layout.activity_main);
        editText = (EditText) findViewById(R.id.name_edit_text);
    }

    public void sayHello(View view) {
        String name = editText.getText().toString();
```

```
            Intent intent = new Intent(this, WelcomeActivity.class);
            intent.putExtra("user", name);
            startActivity(intent);
        }
    }
```

[예제 3-9]는 메인 액티비티의 레이아웃을 보여줍니다. 단순히 세로 방향의 LinearLayout을
정의하고 TextView와 EditText, Button을 추가하였습니다. MainActivity는 런처 속성을
가지고 있습니다.

예제 3-9 activity_main.xml 레이아웃 파일

```
<LinearLayout xmlns:android="http://schemas.android.com/apk/res/android"
    xmlns:tools="http://schemas.android.com/tools"
    android:layout_width="match_parent"
    android:layout_height="match_parent"
    android:orientation="vertical"
    tools:context=".MainActivity">

    <TextView
        android:id="@+id/name_text_view"
        android:layout_width="wrap_content"
        android:layout_height="wrap_content"
        android:text="@string/hello_world" />

    <EditText
        android:id="@+id/name_edit_text"
        android:hint="@string/name_hint"
        android:layout_width="match_parent"
        android:layout_height="wrap_content" />

    <Button
        android:onClick="sayHello"
        android:text="@string/hello_button_label"
        android:layout_width="wrap_content"
        android:layout_height="wrap_content" />

</LinearLayout>
```

[그림 3-5]는 arrogant 제품 특성으로 애플리케이션을 실행했을 때의 화면입니다.

그림 3-5 arrogant 제품 특성으로 애플리케이션을 실행한 화면

어떻게 제품 특성에 따라 애플리케이션 이름을 다르게 할 수 있을까요? 제품 특성은 각각 '/app/〈제품 특성〉/res'라는 별도의 리소스 디렉터리를 가지고 있습니다. 또한, res 디렉터리에 values 디렉터리를 만들고 strings.xml 파일을 /app/src/main/res/values 디렉터리에서 복사합니다. [그림 3-6]은 arrogant 제품 특성의 프로젝트 디렉터리 구조를 보여줍니다.

그림 3-6 arrogant 제품 특성의 프로젝트 디렉터리 구조

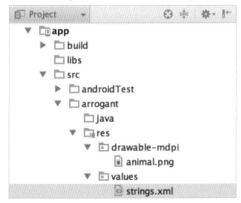

[예제 3-10]은 arrogant 제품 특성의 strings.xml 파일을 보여줍니다.

예제 3-10 /app/arrogant/res/values 디렉터리의 strings.xml 파일

```
<resources>
    <string name="app_name">Arrogant</string>
    <string name="title_activity_welcome">His/Her Royal Highness</string>
    <string name="hello_world">Arrogant</string>
    <string name="greeting">We condescend to acknoweldge your presence,
```

```
      if just barely, %1$s.</string>
  </resources>
```

리소스 병합은 제품 특성의 res 디렉터리(src/〈제품 특성〉/res)에 있는 값들, 제품 특성과 빌드 타입을 붙인 res 디렉터리(src/〈제품 특성〉〈빌드 타입〉/res), 메인 디렉터리(src/main/res)를 모두 고려하여 이루어집니다.[5] 우선순위는 빌드 타입이 가장 높고 그다음은 제품 특성이며, main 소스세트가 가장 낮습니다.

 자바 코드가 아닌 리소스는 서로 덮어쓰기(override)를 합니다. 우선순위는 빌드 타입이 가장 높고 그다음 제품 특성, 메인 디렉터리 순입니다.

WelcomeActvity는 onCreate 메서드에서 사용자의 이름을 가져와 사용자에게 인사합니다

예제 3-11 WelcomeActivity 소스 코드

```
public class WelcomeActivity extends AppCompatActivity {

    @Override
    protected void onCreate(Bundle savedInstanceState) {
        super.onCreate(savedInstanceState);
        setContentView(R.layout.activity_welcome);
        String name = getIntent().getStringExtra("user");
        TextView greetingText = (TextView) findViewById(R.id.greeting_text);
        String format = getString(R.string.greeting);
        greetingText.setText(String.format(format, name));
    }
}
```

WelcomeActivity의 레이아웃 파일은 TextView와 함께 하단에 이미지를 포함하고 있습니다.

예제 3-12 activity_welcome.xml 레이아웃 파일

```
<LinearLayout xmlns:android="http://schemas.android.com/apk/res/android"
    xmlns:tools="http://schemas.android.com/tools"
    android:layout_width="match_parent"
    android:layout_height="match_parent"
    android:orientation="vertical"
```

---

5 옮긴이주_간단히 이야기하면 먼저 제품 특성에 따라 res를 정의할 수 있습니다. arrogant를 예로 들면 src/arrogant/res 디렉터리에 해당합니다. 또한, 제품 특성과 빌드 타입에 따라 리소스를 다르게 정의할 수 있는데, /src/arrogantDebug/res 디렉터리나 /src/arrogantRelease/res 디렉터리가 이에 해당합니다. 마지막은 기본 메인 디렉터리인 /src/main/res 디렉터리입니다.

```
    tools.context="com.oreilly.helloworld.WelcomeActivity">

    <TextView
        android:id="@+id/greeting_text"
        android:layout_width="wrap_content"
        android:layout_height="wrap_content"
        android:text="@string/hello_world"
        android:textSize="24sp"
        android:drawableBottom="@drawable/animal"
    />

</LinearLayout>
```

각 제품 특성은 자신만의 values.xml과 animal.png 파일을 바탕으로 인사를 실행합니다.
[예제 3-10]에 정의된 값으로는 [그림 3-7]과 같이 환영 인사를 합니다.

그림 3-7 arrogant 제품 특성의 환영 인사

다른 제품 특성도 마찬가지입니다. friendly 제품 특성은 [예제 3-13]의 strings.xml 파일을
활용합니다.

예제 3-13 friendly 제품 특성의 strings.xml 파일

```
<resources>
    <string name="app_name">Friendly</string>
```

```
        <string name="title_activity_welcome">We are BFFs!</string>
        <string name="hello_world">Friendly</string>
        <string name="greeting">Hi there, %1$s!</string>
    </resources>
```

[그림 3-8]은 friendly 제품 특성의 실행결과입니다.

그림 3-8 friendly 제품 특성의 환영 인사

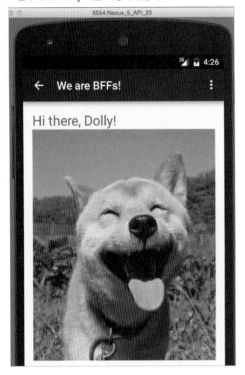

마지막으로 obsequious 제품 특성의 문자열은 [예제 3-14]에 나와 있습니다.

예제 3-14 obsequious 제품 특성의 strings.xml 파일

```
    <resources>
        <string name="app_name">Obsequious</string>
        <string name="hello_world">Obsequious</string>
        <string name="title_activity_welcome">your humble servant</string>
        <string name="greeting">O great %1$s, please accept this pathetic greeting from
    my unworthy self. I grovel in your general direction.</string>
    </resources>
```

[그림 3-9]는 obsequious 제품 특성의 환영 인사를 보여줍니다.

그림 3-9 obsequious 제품 특성의 환영 인사

비 자바 리소스를 병합하기는 쉽습니다. 적절한 디렉터리와 파일을 추가해놓으면 main 소스 세트를 덮어씁니다. 제품 특성을 적용한 애플리케이션을 배포하려면 [그림 3-10]처럼 Build Variants 뷰에서 선택하면 됩니다.

그림 3-10 안드로이드 스튜디오의 Build Variants 뷰

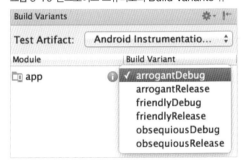

함께 보기

레시피 3.2는 제품 특성과 빌드 변형에 대해서 다룹니다. 레시피 3.5는 소스 코드를 병합하는 것에 관하여 알려줍니다.

3.4 제품 특성 차원

문제

한 개의 제품 특성으로는 충분하지 않다. 애플리케이션을 구별할 수 있는 다른 기준을 추가하고 싶다.

해결

제품 특성에 `flavorDimensions`를 추가한다.

논의

레시피 3.2에서는 `friendly`, `arrogant`, `obsequious`라는 3개의 제품 특성으로 Hello World 애플리케이션을 만들었는데, 각 제품 특성은 같은 애플리케이션이지만 조금은 다른 환영 인사를 보여줍니다. 그러나 어떤 고객은 제품 특성별로 자신만의 로고를 보여달라는 등의 요구사항이 발생할 수 있습니다. 소스 코드는 동일하고 몇몇 이미지만 교체하는 정도입니다.

이를 위하여 빌드 설정을 더 복잡하게 만들지 않고도 제품 특성 차원^{Dimension}을 추가할 수 있는데, [예제 3-15]는 이에 해당하는 빌드 파일을 보여줍니다.

예제 3-15 제품 특성 차원 추가하기

```
flavorDimensions 'attitude', 'client'

productFlavors {
    arrogant {
        dimension 'attitude'
        applicationId 'com.oreilly.helloworld.arrg'
    }
    friendly {
        dimension 'attitude'
        applicationId 'com.oreilly.helloworld.frnd'
    }
    obsequious {
        dimension 'attitude'
        applicationId 'com.oreilly.helloworld.obsq'
    }
    stark {
```

```
            dimension 'client'
    }
    wayne {
        dimension 'client'
    }
}
```

이제 'attitude'와 'client'라는 두 개의 차원이 생겼습니다. attitude 차원에는 arrogant와 friendly, obsequious 제품 특성이 있고, client 차원에는 stark와 wayne 제품 특성이 있습니다.

제품 특성 차원을 조합하면 상당히 많은 빌드 변형을 만들어낼 수 있습니다. 레시피 4.1에서 소개하는 printVariantNames 태스크를 실행하면 [예제 3-16]과 같은 결과가 나옵니다.

예제 3-16 모든 빌드 변형 이름 출력하기

```
./gradlew printVariantNames
:app:printVariantNames
obsequiousStarkDebug
obsequiousStarkRelease
obsequiousWayneDebug
obsequiousWayneRelease
arrogantStarkDebug
arrogantStarkRelease
arrogantWayneDebug
arrogantWayneRelease
friendlyStarkDebug
friendlyStarkRelease
friendlyWayneDebug
friendlyWayneRelease

BUILD SUCCESSFUL
```

세 개의 attitude와 두 개의 client 제품 특성에 두 개의 빌드 타입을 조합하여 12가지($3 \times 2 \times 2 = 12$) 다른 빌드 변형이 만들어집니다.

client 제품 특성을 반영하려면 [그림 3-11]처럼 고객별로 디렉터리를 추가합니다.

그림 3-11 client 제품 특성을 반영한 디렉터리

[예제 3-17]은 stark 고객을 위한 res/values 디렉터리의 colors.xml을 나타냅니다.

예제 3-17 stark/res/values 디렉터리의 colors.xml 파일

```xml
<?xml version="1.0" encoding="utf-8"?>
<resources>
    <color name="text_color">#beba46</color>
    <color name="background_color">#771414</color>
</resources>
```

[예제 3-18]은 wayne 고객의 colors.xml을 보여줍니다. 이 파일은 /wayne/res/values 디
렉터리에 위치합니다.

예제 3-18 wayne/res/values 디렉터리에 있는 colors.xml 파일

```xml
<?xml version="1.0" encoding="utf-8"?>
```

```
<resources>
    <color name="text_color">#beba46</color>
    <color name="background_color">#771414</color>
</resources>
```

[예제 3-19]와 [예제 3-20]처럼 각 client 제품 특성 차원은 hello_world 문자열을 원하는 값으로 변경합니다.

예제 3-19 stark/res/values 디렉터리의 strings.xml 파일

```
<resources>
    <string name="hello_world">Stark Industries</string>
</resources>
```

예제 3-20 wayne/res/values 디렉터리의 strings.xml 파일

```
<resources>
    <string name="hello_world">Wayne Enterprises</string>
</resources>
```

마지막으로, activity_main.xml 레이아웃 파일에 있는 TextView는 새로 정의한 색상과 문자열을 사용합니다. textColor 속성은 각 제품 특성에 해당하는 색상을 지정하고 text 속성은 그에 따른 문자열을 넣습니다.

예제 3-21 색상과 문자열이 변경된 TextView(activity_main.xml 파일)

```
<TextView
    android:id="@+id/name_text_view"
    android:layout_width="match_parent"
    android:layout_height="wrap_content"
    android:textColor="@color/text_color"
    android:background="@color/background_color"
    android:textSize="32sp"
    android:text="@string/hello_world"
/>
```

Stark 공업의 arrogant 제품 특성을 적용한 애플리케이션을 실행하면 결과는 [그림 3-12]와 같습니다.

그림 3-12 Stark 공업을 위한 arrogant debug 빌드 변형 실행결과

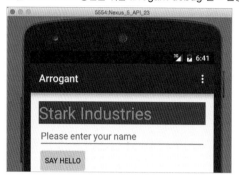

Wayne 기업에 friendly 제품 특성을 적용하면 [그림 3-13]과 같은 결과가 표시됩니다.

그림 3-13 Wayne 기업을 위한 friendly debug 빌드 변형 실행결과

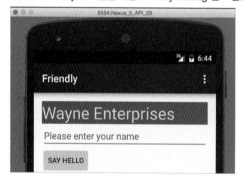

한 가지 부연할 사항은 build.gradle 파일에서 flavorDimenstions 태그를 사용할 때 attitude, client 순으로 기재하였다는 것입니다. 이것은 attitude 차원이 client 차원보다 우선순위가 높다는 것을 의미합니다. 그래서 hello_world 문자열은 각 attitude 제품 특성에서 제거하였습니다.[6] 물론 attitude와 client의 순서를 바꿔도 잘 동작합니다.

함께 보기

레시피 3.2는 제품 특성과 빌드 변형에 대하여 다루고, 레시피 3.3은 리소스 병합을, 레시피 3.5는 자바 소스 코드를 병합을 알려줍니다. 레시피 3.1은 빌드 타입에 대하여 설명합니다.

----

6 옮긴이주_만약 attitude 제품 특성에서 hello_world 문자열을 정의하면 client 제품 특성에 정의한 것은 우선순위가 낮아서 사용되지 않습니다.

3.5 자바 소스 코드 병합하기

문제

제품 특성별로 액티비티나 자바 클래스와 같은 소스 코드를 다르게 하고 싶다.

해결

적절한 소스 디렉터리를 추가하고 main 소스 세트와 병합할 수 있게 구성한다.

논의

제품 특성과 빌드 타입에서 정의한 문자열과 레이아웃 XML 파일은 main 소스 세트에 대응되는 값을 덮어쓰기하지만, 자바 클래스는 다릅니다. main 소스 세트에 있는 어떤 코드가 특정 클래스를 참조하는데, 이것의 구현체가 main 소스 세트에 없더라도 각 빌드 타입과 제품 특성에서 구현 클래스를 가질 수 있습니다.

이것은 상황이 훨씬 더 복잡해질 수도 있습니다. 레시피 3.2와 3.4에서 다룬 Hello World 애플리케이션에는 client 차원에 두 개의 제품 특성이 있습니다. 여기에 도움을 요청하는 버튼을 메인 액티비티에 추가해보겠습니다. 버튼의 레이블은 'Call for Help!'입니다.

friendly, wayne 제품 특성의 애플리케이션을 실행한 결과는 [그림 3-14]와 같습니다. [그림 3-15]는 Stark 고객을 위한 메인 액티비티 실행화면입니다.

그림 3-14 Wayne 고객을 위한 메인 액티비티

그림 3-15 Stark 고객을 위한 메인 액티비티

[CALL FOR HELP!] 버튼을 누르면 CallForHelpActivity를 실행하는 intent를 생성합니다. 이 액티비티와 관련된 레이아웃 파일은 main 소스 세트에는 존재하지 않고 stark와 wayne 소스 세트로 복사되었습니다.

[그림 3-16]은 friendly, wayne, debug 빌드 변형으로 작업할 때의 전체 프로젝트 구조를 보여줍니다. 이 그림을 보면 wayne 제품 특성은 현재 클래스패스에 위치하지만, stark 제품 특성은 그렇지 않습니다.[7] 두 제품 특성 모두 CallForHelpActivity를 가지고 있지만, 구현은 서로 다릅니다.

그림 3-16 main, stark, wayne 제품 특성을 위한 소스 디렉터리

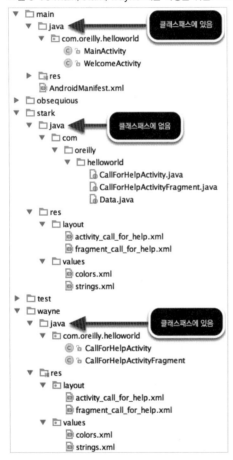

---

7 옮긴이주_안드로이드 스튜디오에서 선택된 빌드 변형은 패키지 디렉터리를 한눈에 보여주는데, 예를 들면 com.oreilly.helloworld 입니다. 그리고 선택되지 않은 빌드 변형은 패키지 디렉터리를 com, oreilly, helloworld처럼 각각 디렉터리 단위로 보여줍니다. 빌드 변형을 선택하려면 Build Variants 뷰를 실행합니다.

wayne 제품 특성의 Help 화면은 [그림 3-17]과 같은 TextView를 가지고 있고, stark 제품 특성의 Help 액티비티는 [그림 3-18]처럼 ListFragment에 목록이 표시됩니다.

그림 3-17 Wayne 고객을 위한 Help 액티비티

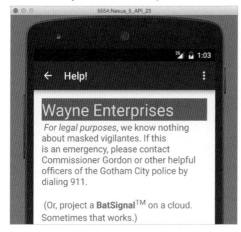

그림 3-18 Stark 고객을 위한 Help 액티비티

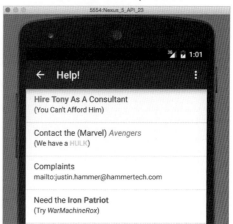

main 소스 세트에서 참조하는 클래스는 각 제품 특성에는 반드시 존재해야 하며, 세부적인 구현은 서로 달라도 됩니다.

함께 보기

레시피 3.2는 제품 특성과 빌드 변형을 어떻게 적용하는지 다룹니다. 레시피 3.3은 자바 소스 이외의 리소스 병합에 관한 내용을 다루고, 레시피 3.4는 어떻게 제품 특성 차원을 설정하는지 알려줍니다.

그레이들 레시피

CHAPTER 4

사용자 정의 태스크

4.1 사용자 정의 태스크 만들기

문제

그레이들 빌드할 때 내가 만든 사용자 정의 태스크를 추가하고 싶다.

해결

그레이들 빌드 파일에 task 요소를 추가하고 안드로이드 플러그인에서 제공하는 속성을 활용한다.

논의

그레이들 DSL에서는 사용자 정의 태스크를 작성할 수 있는 task 블록을 제공합니다. API에는 Copy, Wrapper, Exec와 같은 내장 태스크를 포함하고 있고 이것들의 속성만 변경하여 사용할 수도 있습니다. 예를 들어, Copy 태스크는 from과 into 속성이 있는데, from 블록은 특정 파일 패턴만 제외할 수도 있습니다. 모든 APK 파일을 새로운 디렉터리로 복사하는데, 서명이 되지 않았거나[unsigned] 얼라인 하지 않은[unaligned][1] 파일을 빼고 하려면 모듈 build.gradle 파일에

---

[1] 옮긴이주_얼라인에 관해서는 https://developer.android.com/studio/command-line/zipalign.html 페이지를 참조하세요. APK 를 만들 때 필요한 과정입니다.

[예제 4-1]과 같이 태스크를 만듭니다.

예제 4-1 다른 디렉터리에 APK 파일 복사

```
task copyApks(type: Copy) {
    from("$buildDir/outputs/apk") {
        exclude '**/*unsigned.apk', '**/*unaligned.apk'
    }
    into '../apks'
}
```

buildDir 속성은 기본적인 빌드 디렉터리(app/build)를 가리킵니다. 달러($) 기호는 큰따옴표
(")를 사용한 문자열에서 그루비가 변수 값을 자동으로 넣어줍니다. Copy 태스크에서 from 하
위의 exclude 블록은 Ant 스타일의 디렉터리 이름으로, **은 모든 하위 디렉터리를 의미합
니다.

그레이들 사용자 정의 태스크를 좀 더 세밀하게 다루려면 그레이들 빌드할 때 설정 단계
(Configuration phase)와 실행 단계(Execution phase)가 있다는 것을 알아야 합니다.[2] 그레이들은
설정 단계에서 외부 라이브러리의 의존 관계를 조사하여 DAG(단방향 비순환 그래프)를 만듭니
다. 그다음 의존 관계를 고려하여 순서대로 태스크가 실행됩니다. 이 설정 단계가 모두 완료되
어야 실행 단계가 시작됩니다.

그레이들은 [예제 4-1]과 같이 선언적인[Declarative] 태스크를 선호합니다. 어떻게 해야 하는지를
기술하는 것이 아니라 결과적으로 무엇을 원하는지를 기술해야 합니다. 하지만 동작을 실행해
야 할 필요가 있다면 doLast 블록에 기술하면 됩니다.

[예제 4-2]는 레시피 3.2에서 가져왔습니다.

예제 4-2 사용 가능한 빌드 변형을 모두 출력하는 사용자 정의 태스크

```
task printVariantNames() {
    doLast {
        android.applicationVariants.all {
            variant -> println variant.name
        }
    }
}
```

---

2 옮긴이주_그레이들의 생명주기는 총 3단계로, 초기화 단계(Initialization phase), 설정 단계(Configuration phase), 실행 단계(Execution phase)로 이루어져 있습니다.

doLast 블록 밖에 있는 내용은 설정 단계에서 실행됩니다. doLast 블록의 내용은 실행 단계에서 실행됩니다. android 블록은 안드로이드 플러그인에서 추가된 것으로, 그 하위의 applicationVariants 속성이 사용 가능한 빌드 타입과 제품 특성의 조합을 리턴합니다. 결과적으로 콘솔에 모든 빌드 변형이 출력됩니다.

 applicationVariants 속성은 com.android.application 플러그인에서만 사용할 수 있고, 안드로이드 라이브러리 프로젝트에서는 libraryVariants 속성이 제공됩니다. testVariants 속성은 어디서든 사용할 수 있습니다.

모든 디버그 제품 특성의 APK를 한 기기에 설치하려면 [예제 4-3]의 태스크를 사용합니다. 이때 각 제품 특성은 서로 다른 applicationId를 가지고 있어야 합니다.

예제 4-3 동일한 기기에 모든 디버그 제품 특성의 APK 설치

```
task installDebugFlavors() {
    android.applicationVariants.all { v ->
        if (v.name.endsWith('Debug')) {
            String name = v.name.capitalize()
            dependsOn "install$name"
        }
    }
}
```

앞의 예제에서 dependsOn 메서드는 실행 단계가 아니라 설정 단계에 해당합니다. 예를 들어, friendlyDebug와 같은 각 빌드 변형은 대문자로 변경되고(FriendlyDebug) 그것에 해당하는 APK 설치 태스크(installFriendlyDebug)가 installDebugFlavors 태스크의 의존 관계에 추가됩니다.

결과적으로 설정 단계 동안 installDebugFlavors 태스크는 installArrogantDebug와 installFriendlyDebug, installObsequiousDebug 태스크를 모두 의존하게 되어 명령창에서 installDebugFlavors 태스크를 실행하면 세 개의 제품 특성이 모두 설치됩니다.

예제 4-4 installDebugFlavors 태스크 실행화면

```
./gradlew instDebFl
:app:preBuild UP-TO-DATE
:app:preArrogantDebugBuild UP-TO-DATE
:app:checkArrogantDebugManifest
```

```
// 수많은 태스크
:app:assembleArrogantDebug UP-TO-DATE
:app:installArrogantDebug
Installing APK 'app-arrogant-debug.apk' on 'Nexus_5_API_23(AVD) - 6.0'
Installed on 1 device.
:app:checkFriendlyDebugManifest
// 수많은 태스크
:app:assembleFriendlyDebug UP-TO-DATE
:app:installFriendlyDebug
Installing APK 'app-friendly-debug.apk' on 'Nexus_5_API_23(AVD) - 6.0'
Installed on 1 device.
:app:checkObsequiousDebugManifest
// 수많은 태스크
:app:assembleObsequiousDebug UP-TO-DATE
:app:installObsequiousDebug
Installing APK 'app-obsequious-debug.apk' on 'Nexus_5_API_23(AVD) - 6.0'
Installed on 1 device.
:app:installDebugFlavors

BUILD SUCCESSFUL
```

ADB 타임아웃 시간 늘리기

빌드 과정은 상대적으로 빠르지만, 배포 과정은 그렇지 않을 수도 있습니다. android 태그 하위에 있는 adbOptions 태그를 사용하면 배포 과정의 타임아웃 시간을 늘릴 수 있습니다.

예제 4-5 ADB 타임아웃 시간 늘리기

```
android {
    adbOptions {
        timeOutInMs = 30 * 1000
    }
}
```

이 예제는 시간을 30초로 늘렸습니다. 만약 ShellCommandUnresponsiveException이 발생하면 이 값을 조정하면 됩니다.[3]

---

3 옮긴이주_실무에서 해당 예외를 본 적은 없지만, 안드로이드 스튜디오는 메모리 소모가 크므로 최소한 8GB 이상은 장착하는 것이 좋습니다.

사용자 성의 태스크를 만들려면 그루비에 대한 일정 지식이 필요합니다. 이에 대한 더 자세한 논의는 이 책의 범위를 벗어나지만, 그루비에 대한 참고할 만한 좋은 자료는 많습니다. 그루비에 대한 추가 논의는 필요할 때 조금씩 언급하겠습니다.

함께 보기

레시피 6.2는 그레이들을 위한 안드로이드 플러그인에서 정의한 android 블록의 속성에 관하여 다룹니다. Copy, Zip과 다른 그레이들 내장 태스크는 그레이들 웹사이트에서 확인할 수 있습니다. 부록 A와 부록 B는 그루비 언어와 그레이들에 대한 기본적인 정보를 담고 있습니다.

4.2 사용자 정의 태스크를 빌드 과정에 넣기

문제

전체 빌드 과정에 내가 만든 태스크를 호출하고 싶다.

해결

dependsOn 속성을 활용하여 사용자 정의 태스크를 DAG에 넣는다.

논의

초기화 단계[4] 동안 그레이들은 모든 태스크의 의존 관계를 조사하여 실행 순서를 만드는데, 이것을 '단방향 비순환 그래프$^{DAG, Directed Acyclic Graph}$'라고 부릅니다. '단방향^{Directed}'이라는 말은 각 의존 관계가 한 방향으로만 이루어져 있다는 뜻이고, '비순환^{Acyclic}'은 그래프 상에 루프가 없다는 뜻입니다.

예를 들어, Java 플러그인은 [그림 4-1]과 같은 의존 관계가 있습니다.[5] 빌드 과정에 내가 만든 태스크를 넣게 되면 DAG 상에 적절히 위치하게 됩니다.

---

4 옮긴이주_그레이들 라이프 사이클은 세 단계로 이루어져 있습니다.
5 옮긴이주_안드로이드 플러그인은 훨씬 더 복잡합니다.

그림 4-1 Java 플러그인의 태스크 의존 관계(DAG)

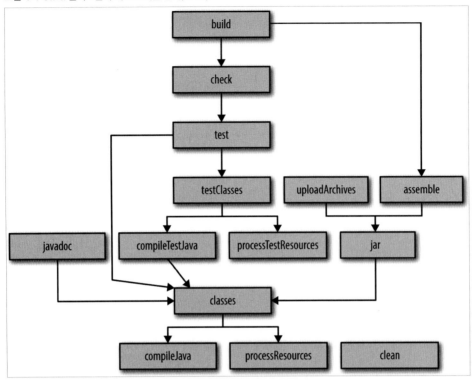

레시피 4.1에서 copyApks 태스크가 나오는데, 이 태스크는 생성된 APK를 모두 특정 디렉터리에 복사합니다. 편의상 [예제 4-6]에 그대로 가져왔습니다.

예제 4-6 생성된 APK를 다른 디렉터리에 복사

```
task copyApks(type: Copy) {
    from("$buildDir/outputs/apk") {
        exclude '**/*unsigned.apk', '**/*unaligned.apk'
    }
    into '../apks'
}
```

생성된 APK가 전혀 없으면 이 태스크는 동작하지 않습니다. [예제 4-7]에서는 이 태스크에 앞서 APK를 생성하도록 의존 관계를 추가하였습니다.

예제 4-7 APK를 먼저 생성하도록 의존 관계 추가

```
task copyApks(type: Copy, dependsOn: assembleDebug) { ❶
    from("$buildDir/outputs/apk") {
        exclude '**/*unsigned.apk', '**/*unaligned.apk'
    }
    into '../apks'
}
```

❶ assembleDebug 태스크를 먼저 실행

assembleDebug 태스크에 의존하고 있으므로 디버그 APK가 먼저 생성되고 복사가 진행됩니다. 릴리스 APK도 생성하고자 하면 assembleDebug 대신에 assemble을 넣으면 됩니다. 또는 빌드할 때마다 실행하려면 [예제 4-8]과 같이 build 태스크에 의존 관계를 넣습니다.

예제 4-8 빌드 과정에 copyApks 태스크 추가

```
build.dependsOn copyApks
```

이제 build 태스크를 실행하면 APK가 생성되고 특정 디렉터리로 복사됩니다. 앞서 DAG의 필요한 위치에 copyApks를 추가했기 때문입니다. 이와 비슷하게 생성된 모든 APK 파일을 제거하는 태스크도 만들 수 있습니다. 레시피 1.1에서는 프로젝트 build.gradle 파일의 clean 태스크를 설명합니다. [예제 4-9]를 보세요.

예제 4-9 안드로이드 스튜디오가 생성한 clean 태스크

```
task clean(type: Delete) {
    delete rootProject.buildDir
}
```

delete 태스크의 인자는 파일 목록이나 디렉터리명을 포함할 수 있습니다. 따라서 delete를 별도로 추가하지 않고 [예제 4-10]과 같이 변경하는게 간편합니다.

예제 4-10 apks 디렉터리를 제거하는 기능 추가

```
task clean(type: Delete) {
    delete rootProject.buildDir, 'apks'
}
```

사용자 정의 태스크는 이렇게 빌드 과정에 포함될 수 있습니다.

함께 보기

레시피 4.1은 사용자 정의 태스크를 생성하는 방법을 다룹니다. 사용자 태스크에 관한 내용은 부록 B를 참고하세요.

4.3 태스크 제외하기

문제

특정 태스크를 빌드 과정에서 제거하고 싶다.

해결

-x 옵션을 사용하여 개별 태스크를 제외한다. 다수의 태스크를 제외하려면 태스크 그래프를 변경해야 한다.

논의

그레이들 빌드를 실행하면 수많은 태스크가 차례로 실행됩니다. 각 태스크는 그보다 앞서 실행되어야 하는 태스크를 가지고 있는데, 때로는 빌드 타임이 시급하여 제거하는 것이 필요할 수도 있습니다. 예를 들어, lint 태스크는 안드로이드 애플리케이션을 만들 때 프로젝트가 얼마나 구글의 권고사항을 따르고 있는지 사전에 확인하는 데 유용합니다. 하지만 이것을 매번 빌드할 때마다 할 필요는 없습니다.

그레이들에는 -x 옵션(길게는 --exclude-task)을 사용하면 특정 태스크를 제외할 수 있습니다. [예제 4-11]은 -x 옵션을 활용하여 lint 태스크를 실행하지 않게 합니다.

예제 4-11 lint 태스크 제외

```
> ./gradlew build -x lint
```

이것은 lint 태스크와 그것이 의존하고 있는 나른 태스크도 제외합니다. 따라서 제외한 태스크가 빌드 이후 과정에서 필수인지 아닌지 확인해볼 필요가 있습니다.

한 가지 문제점은 프로젝트에 다수의 빌드 변형을 정의하고 있다면 각각의 빌드 변형이 lint 태스크를 의존합니다. 이론상으로는 각각을 수동으로 제외할 수 있으나 그것보다는 빌드 과정에서 전체를 빼는 것이 좋습니다.

그레이들이 실행되면 각 태스크의 의존관계를 조사하여 태스크 그래프에 넣습니다. 빌드 파일에서는 gradle 객체로 태스크 그래프에 관한 레퍼런스를 얻는데, 그래프는 모두 생성된 후에 조작할 수 있으므로 어떤 변경을 적용하기 전에 whenReady 속성을 사용합니다. [예제 4-12] 처럼 빌드 스크립트를 작성하면 됩니다.

예제 4-12 lint로 시작되는 모든 태스크 비활성화

```
gradle.taskGraph.whenReady { graph ->
    graph.allTasks.findAll { it.name ==~ /lint.*/ }*.enabled = false
}
```

태스크 그래프의 allTasks 속성은 getAllTasks 메서드를 실행합니다. 이것은 태스크들을 담은 java.util.List 객체를 리턴합니다. List 객체에 findAll 메서드를 실행하면 인자로 넘긴 클로저의 조건을 만족하는 태스크만 리턴됩니다. 이 경우 클로저는 각 태스크의 이름 속성에 접근하여 각각 정규 표현식을 만족하는지 검사합니다.

스프레드닷 연산자(*.)로 리스트에 있는 태스크를 비활성화할 수 있습니다.[6] 결과적으로 'lint' 라는 이름으로 시작되는 모든 태스크는 enabled 속성이 비활성화되어 실행되지 않습니다.

항상 lint 태스크를 제외하는 것이 아니라면 [예제 4-13]과 같이 프로젝트 속성값에 따라 비활성화를 결정할 수도 있습니다.

예제 4-13 noLint 속성이 설정되었을 때만 lint 태스크 비활성화

```
gradle.taskGraph.whenReady { graph ->
    if (project.hasProperty('noLint')) {
        graph.allTasks.findAll { it.name ==~ /lint.*/ }*.enabled = false
    }
}
```

---

6 옮긴이주_스프레드닷 연산자는 예를 들어, (1..10)*.multiply(2)일 때 {2,4,6, …, 20}이 리턴됩니다. https://goo.gl/6W5g4H)

명령창에서 -P 옵션을 사용하면 원하는 속성값을 직접 지정할 수도 있습니다.

예제 4-14 프로젝트 속성값을 명령창에서 지정

```
> ./gradlew build -PnoLint | grep lint
:app:lintVitalArrogantRelease SKIPPED
:app:lintVitalFriendlyRelease SKIPPED
:app:lintVitalObsequiousRelease SKIPPED
:app:lint SKIPPED
```

이러한 접근법은 그루비에 대한 지식을 어느 정도 요구하지만, 태스크 그래프를 직접 조작한다는 면에서 상당히 강력합니다.

함께 보기

레시피 2.1은 프로젝트 속성값을 설정하는 방법을 알려줍니다. 빌드 성능 향상을 위하여 특정 태스크를 제외하는 것은 레피시 6.1에서 다룹니다.

4.4 사용자 정의 소스 세트

문제

프로젝트의 소스 코드의 디렉터리를 표준 구조와는 다르게 하고 싶다.

해결

그레이들 빌드 파일의 sourceSets 속성을 사용한다.

논의

안드로이드 배포판에 포함된 예제 코드는 메인 예제 코드에서 공통부분을 분리하기 위하여 다수의 소스 코드 디렉터리를 가지고 있습니다. API 23(안드로이드 6.0 마시멜로)에 포함된 'Basic Gesture Detect' 예제를 살펴봅시다. 이것은 samples 항목의 input/BasicGestureDetect 디렉터리에 있습니다. 이 코드의 세부 내용은 중요하지 않고 그레이들 파일에만 주목합니다.

[예제 4-15]는 Application 하위 디렉터리의 그레이들 빌드 파일입니다(일반적인 app 디렉터리
가 아니라 Application에 있습니다).

예제 4-15 sourceSets을 포함한 그레이들 빌드 파일

```
// 판에 박힌 코드와 다른 샘플에서 공통으로 사용되는 코드를 별도 디렉터리로 구분하였다.
List<String> dirs = [
'main',        // 메인 소스 코드(흥미로운 것은 여기에)
'common',      // 다른 샘플에서 재사용하는 코드
'template']    // 자동 생성되는 판에 박힌 코드

android {
    // ... 코드 생략 ...

    sourceSets {
        main {
            dirs.each { dir ->
                java.srcDirs "src/${dir}/java"
                res.srcDirs "src/${dir}/res"
            }
        }
        androidTest.setRoot('tests')
        androidTest.java.srcDirs = ['tests/src']
    }
}
```

빌드 파일에서 dirs는 List<String> 타입으로 선언한 소스 코드 디렉터리를 의미합니다. 그
루비 언어에서 리스트는 대괄호로 표현하는데, 여기서는 이 문법을 사용하여 리스트에 'main,
common, template'이라는 값을 넣었습니다. android 블록 안에서 sourceSets 속성은 클래
스패스에 적절한 소스 코드 디렉터리를 지정하며, main 블록 안에는 each 반복자가 있어 dirs
의 값 각각에 대하여 클로저를 실행합니다. each 메서드는 그루비 언어에서 사용할 수 있으며
컬렉션에 있는 모든 요소를 한 번씩 돌면서 클로저 안에 있는 문장을 실행합니다. 이 클로저는
dir 변수를 가지며, 그루비 문자열로 변경됩니다.

예제 4-16 클로저를 포함한 each 반복자

```
dirs.each { dir ->
    java.srcDirs "src/${dir}/java"
    res.srcDirs "src/${dir}/res"
}
```

표준적인 프로젝트 구조에서 자바 소스 코드는 src/main/java 디렉터리에 위치하고 리소스는 src/main/res 디렉터리에 위치합니다. 하지만 여기에 srcDirs 변수를 사용하여 새로운 디렉터리를 추가하였습니다. 결과적으로 src/main/java와 src/common/java, src/template/java 디렉터리가 클래스패스에 추가되었고 src/main/res와 src/common/res, src/template/res 디렉터리가 리소스 디렉터리로 지정되었습니다.

아이러니하게도 새롭게 추가한 이 디렉터리들은 실제로 사용되지 않았습니다. 모든 자바 소스 코드는 src/main/java 디렉터리에, 모든 리소스는 src/main/res에 위치합니다. 다른 샘플 코드에서도 추가된 디렉터리는 사용하지 않고 표준 프로젝트 구조에 맞추었습니다. 아마도 여기서 추가한 디렉터리는 미래를 위한 준비 또는 옛날에 작업했던 흔적(holdover)이거나 구글 안드로이드 개발자들이 장난으로 남겨놓은 것인지도 모르겠습니다.

하지만 sourceSets 속성의 한 부분은 사용하는데, 테스트 코드를 src/androidTest/java 디렉터리에 모두 넣는 대신에 그레이들 빌드 파일은 그 위치를 변경하였습니다.

예제 4-17 테스트 코드의 루트 디렉터리 변경하기

```
androidTest.setRoot('tests')
androidTest.java.srcDirs = ['tests/src']
```

테스트 코드의 루트는 이제 tests 디렉터리고, 실제 소스 코드는 test/src 디렉터리에 있습니다. 각 샘플 프로젝트는 Android 디렉터리 하위에 src와 tests 두 개의 디렉터리를 가지게 되었습니다. tests 디렉터리는 그 하위에는 src 디렉터리가 있으며, ActivityInstrumentation 예제 프로젝트에는 Application 디렉터리가 있습니다. 이 내용을 정리하면 [예제 4–18]과 같습니다. 여기서 자바 소스 코드는 src/main/java, 리소스는 src/main/res, 테스트 코드는 tests/src 디렉터리에 있습니다.

예제 4-18 샘플 프로젝트의 디렉터리 레이아웃

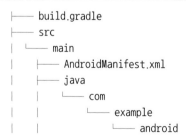

```
├── build.gradle
├── src
│   └── main
│       ├── AndroidManifest.xml
│       ├── java
│       │   └── com
│       │       └── example
│       │           └── android
```

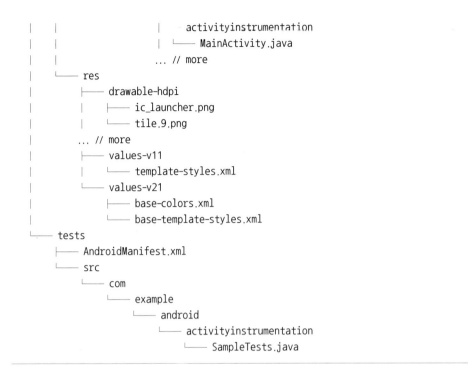

```
|   |                     |       activityinstrumentation
|   |                     |       └───  MainActivity.java
|   |                     ... // more
|   └─── res
|        ├─── drawable-hdpi
|        |    ├─── ic_launcher.png
|        |    └─── tile.9.png
|        ... // more
|        ├─── values-v11
|        |    └─── template-styles.xml
|        └─── values-v21
|             ├─── base-colors.xml
|             └─── base-template-styles.xml
└─── tests
     ├─── AndroidManifest.xml
     └─── src
          └─── com
               └─── example
                    └─── android
                         └─── activityinstrumentation
                              └─── SampleTests.java
```

그렇다면 sourceSets 속성은 어디에서 쓰일까요? sourceSets 속성은 종종 레거시 애플리케이션을 위하여 사용됩니다. 그레이들 빌드 시스템을 사용하기 전의 레거시 안드로이드 애플리케이션은 프로젝트 구조가 다른데, 안드로이드 스튜디오는 이 프로젝트를 가져와서 새로운 구조로 다시 생성합니다.

함께 보기

레거시 애플리케이션 사용에 관한 자세한 내용은 레시피 2.2와 레시피 2.3에서 다룹니다.

4.5 안드로이드 라이브러리 프로젝트 사용하기

문제

라이브러리 모듈을 프로젝트에 추가하고 싶다.

해결

라이브러리 플러그인을 사용하여 라이브러리 모듈을 만들고 프로젝트에서 추가한다.

논의

자바 라이브러리는 JAR 파일 형태로 제공됩니다. 레시피 1.5를 보면 dependencies 블록을 이용하여 라이브러리를 추가하는 방법을 알려줍니다. 예를 들어, 구글의 Gson 라이브러리를 사용하여 JSON을 파싱하려고 하면 [예제 4-19]처럼 모듈 build.gradle 파일에 의존성을 추가합니다.

예제 4-19 구글의 Gson 라이브러리 추가

```
dependencies {
    compile 'com.google.code.gson:gson:2.6.2'
}
```

안드로이드 라이브러리에는 자바 라이브러리만 있는 것이 아닙니다. 예를 들어, 안드로이드 API를 포함하거나 이미지와 텍스트 파일 같은 리소스를 포함할 수도 있어야 합니다. 프로젝트를 빌드할 때 그레이들은 이러한 안드로이드 라이브러리를 AAR^{Android Archive} 파일로 만듭니다. JAR 파일과 유사하지만 안드로이드 의존성을 포함하고 있습니다.

그레이들 관점에서 보면 안드로이드 라이브러리는 하나의 하위 프로젝트입니다. 즉, 안드로이드 애플리케이션과 동급으로 보면 됩니다. 새로 추가된 모듈(안드로이드 스튜디오에서는 하위 프로젝트를 애플리케이션/라이브러리 상관없이 모두 '모듈^{Module}'이라고 부릅니다.)은 [예제 4-20]과 같이 settings.gradle에 포함되어야 합니다.

예제 4-20 새로운 모듈이 추가된 settings.gradle 파일

```
include ':app', ':icndb'
```

추가된 안드로이드 라이브러리 모듈은 '인터넷 척 노리스 데이터베이스Internet Chuck Norris Database[7]
라는 'icndb'로, JSON 형태의 척 노리스 유머[8]를 제공합니다. [그림 4-2]는 해당 웹 사이트에
서 제공하는 API 페이지입니다.

그림 4-2 ICNDB 사이트에서 제공하는 API 페이지

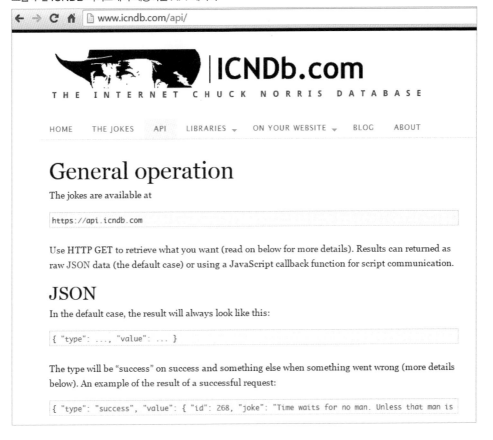

이 사이트는 RESTful 웹 서비스로 구성되어 있으며 JSON 데이터를 리턴합니다. 이번 예제에
서는 리턴되는 유머를 Welcome 액티비티의 TextView로 표시합니다. 안드로이드 라이브러
리 모듈을 만들려면 [그림 4-3]과 같이 'New Module' 마법사를 시작하고 'Android Library'
를 선택합니다.

---

7 http://www.icndb.com/

8 옮긴이주_인터넷에서는 척 노리스 유머가 제법 유명하다고 합니다. 궁금하신 분은 https://goo.gl/RK3voL 페이지를 참고하세요.

New Module 마법사는 이외에도 자바 라이브러리 만들기, .JAR/.AAR 패키지 가져오기 등의 기능을 제공합니다.

그림 4-3 New Module 마법사 화면에서 안드로이드 라이브러리 만들기 선택

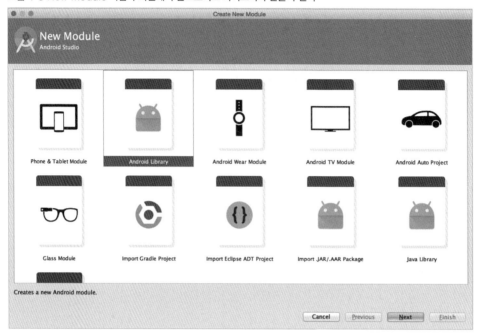

라이브러리에 이름을 입력하면 처음 생성하는 액티비티의 종류를 선택합니다. 마법사가 완료되면 라이브러리 모듈이 생성되고 settings.gradle 파일에 추가됩니다. 각 라이브러리 모듈에는 그레이들 빌드 파일이 포함되어 있고 루트 프로젝트의 속성을 그대로 물려받습니다. 최소 SDK 버전과 타깃 SDK 버전을 설정하거나 빌드 타입, 제품 특성과 같은 빌드 변형을 생성하고 원하는 외부 라이브러리를 추가할 수도 있습니다. 가장 중요한 차이점은 [예제 4-21]과 같이 안드로이드 애플리케이션 플러그인과는 다른 플러그인을 사용한다는 것입니다.

예제 4-21 ICNDB 라이브러리 모듈을 위한 build.gradle 파일

```
apply plugin: 'com.android.library'    ❶

android {
    compileSdkVersion 23
    buildToolsVersion "23.0.3"
```

```
    packagingOptions {        ❷
        exclude 'META-INF/notice.txt'
        exclude 'META-INF/license.txt'
        exclude 'LICENSE.txt'
    }
    defaultConfig {
        minSdkVersion 16
        targetSdkVersion 23
        versionCode 1
        versionName "1.0"
    }
    buildTypes {
        release {
            minifyEnabled false
            proguardFiles getDefaultProguardFile('proguard-android.txt'),
                'proguard-rules.pro'
        }
    }
}

dependencies {
    compile 'com.google.code.gson:gson:2.6.2'
    compile 'com.squareup.retrofit2:retrofit:2.0.1'
    compile 'com.squareup.retrofit2:converter-gson:2.0.1'
}
```

❶ 라이브러리 플러그인 적용
❷ 다른 라이브러리와 충돌이 발생한 파일 제외

빌드 파일에서는 Retrofit 2 프로젝트를 dependencies 블록에 추가하였습니다. 또한, JSON 메시지를 위한 Gson 변환기와 앞서 설명한 Gson 라이브러리를 추가하였습니다. packaging Options 블록에서는 다른 라이브러리와 충돌이 발생한 파일들을 빌드할 때 제외하도록 지정하고 있습니다.

앞의 라이브러리들을 사용하기 때문에 [예제 4-22]와 같이 ICNDB 라이브러리 구현이 매우 단순해졌습니다.

예제 4-22 모든 기능이 동작하는 JokeFinder 클래스

```
public class JokeFinder {
    private TextView jokeView;
    private Retrofit retrofit;
```

```
private AsyncTask<String, Void, String> task;
    public interface ICNDB {      ❶

    @GET("/jokes/random")
    Call<IcndbJoke> getJoke(@Query("firstName") String firstName,
                            @Query("lastName") String lastName,
                            @Query("limitTo") String limitTo);
}

public JokeFinder() {
    retrofit = new Retrofit.Builder()      ❷
        .baseUrl("http://api.icndb.com")
        .addConverterFactory(GsonConverterFactory.create())
        .build();
}

public void getJoke(TextView textView, String first, String last) {
    this.textView = textView;
    new JokeTask().execute(first, last);
}

private class JokeTask extends AsyncTask<String, Void, String> {      ❸
    @Override
    protected String doInBackground(String... params) {
        ICNDB icndb = retrofit.create(ICNDB.class);
        Call<IcndbJoke> icndbJoke = icndb.getJoke(
            params[0], params[1], "[nerdy]");
        String joke = "";
        try {
            joke = icndbJoke.execute().body().getJoke();
        } catch (IOException e) {
            e.printStackTrace();
        }
        return joke;
    }

    @Override
    protected void onPostExecute(String result) {
        jokeView.setText(result);
    }
}
}
```

❶ Retrofit GET 요청을 정의하는 인터페이스

❷ Gson 변환기를 사용하여 Retrofit 인스턴스 만들기

❸ 웹 서비스에 접속하는 비동기 태스크(UI 스레드와는 별도의 스레드에서 동작)

JokeFinder 클래스는 ICNDB 웹 서비스에 접속하여 인자로 받은 이름과 성을 가지고 비동기 방식으로 실행하고, AsyncTask를 활용하여 UI 스레드와는 별도의 스레드에서 동작합니다. getJoke 메서드는 TextView를 인자로 가지고 있어서 결과 값을 파싱하고 TextView에 업데이트합니다.

IcndbJoke 클래스는 JSON 응답을 매핑하는 단순 POJO 클래스입니다. 응답 양식은 [그림 4-4]와 같습니다.

그림 4-4 ICNDB 서비스에서 받아온 JSON 응답

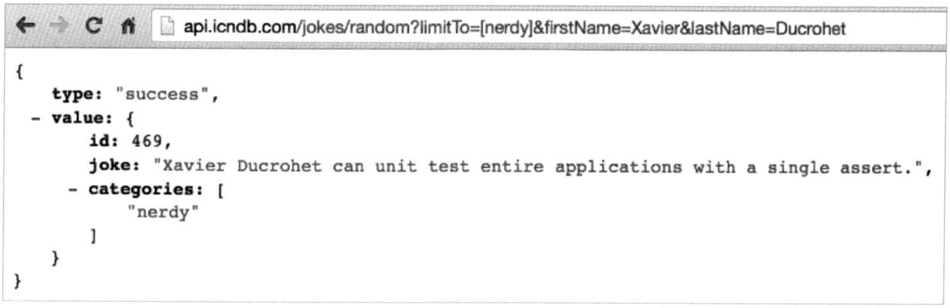

```
← → C 🔒   📄 api.icndb.com/jokes/random?limitTo=[nerdy]&firstName=Xavier&lastName=Ducrohet
{
    type: "success",
  - value: {
        id: 469,
        joke: "Xavier Ducrohet can unit test entire applications with a single assert.",
      - categories: [
            "nerdy"
        ]
    }
}
```

JSON 응답이 단순하므로 이에 대응되는 IcndbJoke 클래스 또한 [예제 4-23]처럼 단순합니다.

예제 4-23 JSON 응답를 매핑하는 IcndbJoke 클래스(POJO)

```java
public class IcndbJoke {
    private String type;
    private Joke value;

    public String getJoke() {
        return value.getJoke();
    }

    public String getType() { return type; }
    public void setType(String type) { this.type = type; }

    public Joke getValue() { return value; }
    public void setValue(Joke value) { this.value = value;}

    private static class Joke {
        private int ID;
        private String joke;
        private String[] categories;

        public int getId() { return ID; }
```

```java
        public void setId(int ID) { this.id = ID; }

        public String getJoke() { return joke; }
        public void setJoke(String joke) { this.joke = joke; }

        public String[] getCategories() { return categories; }
        public void setCategories(String[] categories) {
            this.categories = categories;
        }
    }
}
```

이것이 라이브러리로 동작하는 방식으로, 애플리케이션은 'JokeFinder'라는 클래스로 라이브러리를 사용합니다. [예제 4-24]를 보면 app 모듈의 build.gradle 파일에서 project 의존성을 정의하고 있습니다.

예제 4-24 app에서 ICNDB 모듈 참조

```groovy
apply plug-in: 'com.android.application'

android {
    compileSdkVersion 23
    buildToolsVersion "23.0.3"
    // ... all the regular settings ...
}

dependencies {
    compile project(':icndb')        ❶
}
```

❶ 컴파일할 때 icndb 라이브러리 추가

compile 의존성에 project 메서드를 호출하면 인자로 입력한 하위 디렉터리에서 모듈을 라이브러리로 추가합니다. 그 결과 그레이들은 빌드할 때 ICNDB 모듈을 포함하고 컴파일 타임에 해당 클래스를 호출할 수 있게 됩니다.[9]

---

9 옮긴이주_compile 의존성이 아니라 runtime 의존성을 지정하게 되면 라이브러리의 인터페이스만 활용하고 구현체는 빌드할 때 포함하지 않습니다.

WelcomeActivity는 [예세 4-25]와 같이 JokeFinder의 getJoke 메서드를 호출하고 그 결과를 TextView에 업데이트합니다. 인자로 필요한 이름과 성은 SharedPreference에서 가져오고 그 외 부분은 생략합니다.

예제 4-25 WelcomeActivity에서 라이브러리에 있는 getJoke 메서드 호출

```
public class WelcomeActivity extends Activity {
    private TextView jokeText;

    @Override
    protected void onCreate(Bundle savedInstanceState) {
        super.onCreate(savedInstanceState);
        setContentView(R.layout.activity_welcome);
        jokeText = (TextView) findViewById(R.id.joke_text);
        final SharedPreferences prefs =
            PreferenceManager.getDefaultSharedPreferences(this);
        new JokeFinder().getJoke(jokeText,
            prefs.getString("first", "Xavier"),
        prefs.getString("last", "Ducrohet"));
    }
}
```

 자비에 듀크로헷^{Xavier Ducrohet}은 그레이들을 위한 안드로이드 플러그인 개발팀의 리더이자 구글 안드로이드 스튜디오 개발팀의 리더입니다.

애플리케이션의 실행결과는 [그림 4-5]와 같습니다.

그림 4-5 애플리케이션 실행결과

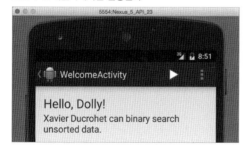

빌드하게 되면 디버그와 릴리스 AAR 파일이 모두 생성되며 이 파일들은 [예제 4-26]과 같이 icndb/build/outputs/aar 디렉터리에 있습니다. AAR 파일은 추후 다른 애플리케이션에서 사용할 수 있도록 저장소에 올려놓을 수 있습니다.

예제 4-26 안드로이드 라이브러리 모듈 빌드 산출물

```
> ./gradlew build
> ls icndb/build/outputs/aar
icndb-debug.aar icndb-release.aar
```

이번 내용을 요약하면 다음과 같습니다.

- 안드로이드 라이브러리 프로젝트는 자바 프로젝트지만, 안드로이드 API나 리소스를 포함할 수 있다.
- 그레이들은 멀티 프로젝트로 구성되며, 하위 모듈을 사용하려면 settings.gradle 파일에 모듈 이름을 등록해야 한다.
- 안드로이드 스튜디오에서 New Module 마법사를 열고 Android Library를 선택하면 안드로이드 라이브러리 모듈을 생성할 수 있다.
- 라이브러리 프로젝트는 com.android.library 플러그인을 사용한다.
- 애플리케이션에서 라이브러리를 참조하려면 dependencies 블록에 'project(':library')'와 같이 추가해야 한다.

이러한 패턴으로 안드로이드 라이브러리에 원하는 기능을 구현하고 다른 애플리케이션에서도 재활용하시기 바랍니다.

CHAPTER 5

테스트

5.1 유닛 테스트

문제

내 프로젝트의 안드로이드 외적인 부분을 테스트하고 싶다.

해결

안드로이드 스튜디오는 1.1 버전부터 실험적인 유닛 테스트 기능을 제공한다.

논의

이클립스의 ADT에서는 오직 통합 테스트만 지원하므로 원래 프로젝트 외에 테스트을 위한 별도의 프로젝트를 만들어야 했습니다. 이클립스에서 안드로이드 스튜디오와 그레이들로 전환하는 이점 중에는 테스트 프로젝트를 포함할 수 있다는 것도 있습니다.

안드로이드 스튜디오 버전 1.1 이전에는 통합 테스트만 지원하였기 때문에 에뮬레이터나 별도 기기에 연결해서만 테스트를 실행할 수 있었습니다. 통합 테스트는 매우 막강하고 유용하며 레시피 5.3과 레시피 5.4에서 다루고 여기에서는 순수한 유닛 테스트만 다룹니다. 이것은 기기가 아니라 로컬 JVM에서 실행됩니다. 유닛 테스트는 통합 테스트와는 다르게 androidTest 소스 세트가 아니라 src/test/java 디렉터리에 위치합니다.

안드로이드 스튜디오에서 새로운 안드로이드 애플리케이션을 생성하면 단순한 유닛 테스트가 함께 생성됩니다. [그림 5-1]과 같이 src/test/java 디렉터리는 클래스패스에 포함되어 있지 않습니다.[1]

그림 5-1 안드로이드 스튜디오에 의해 생성된 유닛 테스트 코드(app/src 아래)

[예제 5-1]은 생성된 예제 테스트 코드를 보여줍니다.

예제 5-1 생성된 예제 테스트 코드

```java
import org.junit.Test;
import static org.junit.Assert.*;

/**
Example local unit test, which will execute on the development machine (host).
**/
public class ExampleUnitTest {
    @Test
    public void addition_isCorrect() throws Exception {
        assertEquals(4, 2 + 2);
    }
}
```

이런 종류의 테스트는 과거에 JUnit으로 하던 유닛 테스트 코드와 유사합니다. JUnit 4에서 도입된 @Test 애너테이션은 addtion_isCorrect 메서드가 테스트 코드임을 표시합니다. assertEquals 메서드는 Assert 클래스의 정적인 메서드([예제 5-1]에 import static으로 선언)로, 첫 번째 인자는 맞는 답이고 두 번째 인자는 시험할 내용입니다.

----

1 옮긴이주_안드로이드 스튜디오 버전 2.0부터는 개선되어 유닛 테스트와 통합 테스트가 모두 표시합니다.

(안드로이드 스튜디오 2.0 이후의 유닛 테스트 코드)

테스트를 실행하려면 [그림 5-2]와 같이 IDE 좌측의 Build Variants 뷰에서 Test Artifact를 선택합니다.[2] Test Artifact 항목에 'Unit Tests'를 선택하면 src/test/java 디렉터리가 활성화 되어 안드로이드 스튜디오에서 인식하고(디렉터리가 녹색으로 표시) com/oreilly/helloworld 디 렉터리가 패키지로 표시됩니다.

그림 5-2 Build Variants 뷰에서 Unit Tests 선택하기

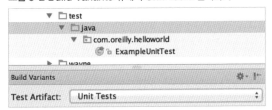

마지막 단계가 남았습니다. JUnit 라이브러리를 testCompile 의존성에 포함해야 합니다. 레 시피 1.5에 나와 있듯이 이것은 프로젝트를 새로 생성할 때 자동으로 추가되었습니다. 모듈 build.gradle의 dependencies 블록을 살펴보면 [예제 5-2]와 같습니다.

예제 5-2 모듈 build.gradle 파일에 JUnit 추가

```
dependencies {
    compile fileTree(dir: 'libs', include: ['*.jar'])
    testCompile 'junit:junit:4.12'          ❶
    compile 'com.android.support:appcompat-v7:23.0.1'
}
```

❶ testCompile 의존성으로 JUnit 라이브러리가 추가됨

test 태스크를 실행하면 유닛 테스트 코드를 실행하게 됩니다. [예제 5-3]과 같이 사전에 실 행되는 태스크가 제법 됩니다.

예제 5-3 유닛 테스트 실행

```
> ./gradlew test
Starting a new Gradle Daemon for this build (subsequent builds will be faster).
:app:preBuild UP-TO-DATE
:app:preArrogantStarkDebugBuild UP-TO-DATE
:app:checkArrogantStarkDebugManifest
```

---

2 옮긴이주_안드로이드 스튜디오 버전 2.0부터는 선택할 필요가 없습니다.

```
:app:preArrogantStarkReleaseBuild UP-TO-DATE
:app:preArrogantWayneDebugBuild UP-TO-DATE
:app:preArrogantWayneReleaseBuild UP-TO-DATE
:app:preFriendlyStarkDebugBuild UP-TO-DATE
:app:preFriendlyStarkReleaseBuild UP-TO-DATE
:app:preFriendlyWayneDebugBuild UP-TO-DATE
:app:preFriendlyWayneReleaseBuild UP-TO-DATE
// ... all the stages for all the variants ...
:app:compileObsequiousWayneReleaseUnitTestJavaWithJavac
:app:compileObsequiousWayneReleaseUnitTestSources
:app:assembleObsequiousWayneReleaseUnitTest
:app:testObsequiousWayneReleaseUnitTest
:app:test

BUILD SUCCESSFUL
```

유닛 테스트 실행결과는 모든 빌드 변형에 대하여 각각 수행되며 결과는 HTML 페이지로 만들어집니다. 이는 [예제 5-4]와 같이 app/build/reports/tests 디렉터리에서 확인할 수 있습니다.

예제 5-4 유닛 테스트 산출물 디렉터리

```
> ls -F app/build/reports/tests/
arrogantStarkDebug/  arrogantWayneRelease/
friendlyWayneDebug/  obsequiousStarkRelease/
arrogantStarkRelease/  friendlyStarkDebug/
friendlyWayneRelease/  obsequiousWayneDebug/
arrogantWayneDebug/  friendlyStarkRelease/
obsequiousStarkDebug/  obsequiousWayneRelease/
```

앞의 각 디렉터리에서 index.html 파일을 열면 [그림 5-3]과 같은 보고서가 표시됩니다.

그림 5-3 HTML 형식의 보고서

ExampleUnitTest 클래스까지 내려가면 [그림 5-4]와 같은 세부 결과를 볼 수 있습니다.

그림 5-4 ExampleUnitTest 유닛 테스트 실행결과

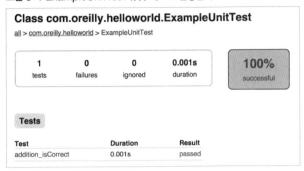

--tests 옵션을 활용하면 특정 빌드 변형이나 단일 클래스로 한정하여 테스트를 수행할 수 있습니다. [예제 5-5]는 특정 빌드 변형을 지정하고 --tests 옵션으로 ExampleUnitTest 클래스만 유닛 테스트를 실행합니다.

예제 5-5 단일 클래스에 대하여 테스트 실행

```
> ./gradlew testFriendlyWayneDebug —tests='*.ExampleUnitTest'
```

똑같은 방식으로 안드로이드 스튜디오에서 특정 클래스를 우클릭하면 현재 지정된 빌드 변형을 클릭한 클래스에 대하여 유닛 테스트를 실행합니다. 결과는 [그림 5-5]와 같습니다.

그림 5-5 안드로이드 스튜디오에서 유닛 테스트 실행결과

유일한 문제점은 실제로 중요한 부분을 테스트하지 못하였다는 것입니다. 이것이 핵심입니다. JUnit을 활용한 유닛 테스트로는 안드로이드 SDK를 사용한 기능을 테스트할 수 없습니다. 유닛 테스트는 오직 순수 자바 부분만 테스트할 수 있습니다.[3]

 유닛 테스트는 오직 안드로이드와 관련 없는 부분만 테스트할 수 있습니다.

----

3 옮긴이주_이제 mock 인터페이스로 빌드된 android.jar가 제공되어 안드로이드 SDK에 연관된 기능도 테스트할 수 있지만, 제약이 많습니다.

레시피 4.5에서 라이브러리는 웹 서비스에 접속하여 JSON 데이터를 다운로드하고 파싱하여 결과를 TextView에 표시합니다. [예제 5-6]은 이것에 대한 테스트 코드를 보여줍니다.

예제 5-6 Gson 파서 테스트 코드

```
import com.google.gson.Gson;

import org.junit.Test;

import static org.junit.Assert.assertEquals;
import static org.junit.Assert.assertNotNull;

public class IcndbJokeTest {
    private String jsonTxt = "{\"type\": \"success\", \"value\": {\"id\": 451,
        \"joke\": \"Xav Ducrohet writes code that optimizes itself.\",
        \"categories\": [\"nerdy\"]}}";        ❶

    @Test
    public void testGetJoke() throws Exception {
        Gson gson = new Gson();
        IcndbJoke icndbJoke = gson.fromJson(jsonTxt, IcndbJoke.class);
        String correct = "Xav Ducrohet writes code that optimizes itself.";

        assertNotNull(icndbJoke);     ❷
        assertEquals(correct, icndbJoke.getJoke());  ❸
    }
}
```

❶ 문자열은 모두 한 줄에 있어야 함
❷ JSON 결과 값은 null이면 안 됨
❸ JSON 결과 값이 원하는 값이 맞는지 확인

유닛 테스트는 에뮬레이터나 기기에 설치할 필요가 없어서 속도 면에서 통합 테스트보다는 빠릅니다. 안드로이드에 의존하지 않는 자바 클래스가 있다면 유닛 테스트가 가장 좋은 선택입니다. 일반 자바 업계와는 다르게 아직 모바일 업계에서는 테스트 주도 개발[TDD, Test Driven Development]이 널리 쓰이지 않지만, 시작하기에는 좋은 방법이라고 생각합니다.

함께 보기

레시피 5.3은 Robotium 라이브러리를 활용한 액티비티 테스트에 관하여 알려줍니다. 레시피 5.4는 구글에서 개발한 Espresso 프레임워크 기반으로 동일한 내용을 설명합니다. JUnit에 관한 정보는 http://junit.org를 참고하세요.

5.2 안드로이드 테스팅 서포트 라이브러리로 테스트하기

문제

내 프로젝트의 안드로이드 부분을 테스트하고 싶다.

해결

새로운 테스팅 클래스를 사용하여 JUnit 스타일로 테스트 코드를 구현한다.

논의

먼저 용어에 대하여 알아봅시다. 액티비티나 서비스 등의 안드로이드 컴포넌트를 테스트하려면 애플리케이션을 에뮬레이터나 연결된 기기에 설치해야 합니다. 테스팅 라이브러리는 JUnit 기반으로 만들어져 있지만 엄밀한 의미에서는 유닛 테스트는 아닙니다. 이것은 부르는 용어에 따라 통합 테스트[Integration Test]나 기능 테스트[Functional Test]로 부르는 것이 적절합니다. 여기서는 애플리케이션을 기기에 설치하고 UI가 적절하게 동작하는지 테스트하므로 기능 테스트라고 하는 것이 좀 더 자연스럽습니다. 하지만 문서에서는 자주 '통합 테스트'라는 용어도 혼용됩니다.

---

4 http://robolectric.org/
5 옮긴이주_mock은 테스트를 위해 실제 구현체는 없이 인터페이스만 구현한 객체를 의미합니다.

AndroidJUnitRunner와 다른 테스트 클래스에 'unit'이라는 단어가 들어 있지만, 실제로 안드로이드 테스트는 동작할 때 에뮬레이터나 연결된 기기에 설치되어야 하기 때문에 기능 테스트입니다.

안드로이드 테스팅 서포트 라이브러리는 [그림 5-6]과 같이 SDK 매니저에서 필수 라이브러리는 아닙니다. 테스팅은 [그림 5-6]과 같이 Android Support Repository의 한 부분이며, 테스팅 클래스는 android.support.test 패키지에 있습니다.

그림 5-6 SDK 매니저에서 안드로이드 테스팅 서포트 라이브러리 추가

		API	Rev.	Status
▼ 📁 Extras				
	Amazon AVD Launcher (Mac OS X)		2	Installed
	Android Support Repository		17	Installed
	Android Support Library		23	Installed

(Android SDK Manager, SDK Path: /usr/local/Cellar/android-sdk/24.3.4, Packages)

그레이들 빌드에 추가하려면 모듈 build.gradle의 dependencies 블록을 [예제 5-7]과 같이 구성합니다.

예제 5-7 안드로이드 테스팅 서포트 라이브러리 추가

```
dependencies {
    androidTestCompile 'com.android.support.test:runner:0.3'
    // JUnit4 스타일로 테스트할 때 추가
    androidTestCompile 'com.android.support.test:rules:0.3'
}
```

AndroidJUnitRunner 클래스는 JUnit 4 애너테이션을 지원하는데, 이것을 사용하려면 테스트 클래스에 @RunWith 애너테이션을 추가하거나 그레이들 빌드 파일의 defaultConfig 블록에 지정하면 됩니다.

예제 5-8 기본으로 AndroidJUnitRunner 사용

```
android {
    defaultConfig {
        // 다른 설정들 …
        testInstrumentationRunner
        "android.support.test.runner.AndroidJUnitRunner"
    }
}
```

테스트 서포드 클래스들을 사용하면 [예제 5-9]와 같이 레이아웃 파일에 있는 레이블을 테스트하기가 편리합니다.

예제 5-9 UI 컴포넌트의 레이블 테스트

```
@MediumTest          ❶
@RunWith(AndroidJUnit4.class)          ❷
public class MyActivityLayoutTest
    extends ActivityInstrumentationTestCase2<MyActivity> {

    private MyActivity activity;
    private TextView textView;
    private EditText editText;
    private Button helloButton;

    public MyActivityLayoutTest() {
        super(MyActivity.class);
    }

    @Before
    public void setUp() throws Exception {
        super.setUp()
        injectInstrumentation(InstrumentationRegistry.getInstrumentation());          ❸
        activity = getActivity();

        textView = (TextView) activity.findViewById(R.id.text_view);
        editText = (EditText) activity.findViewById(R.id.edit_text);
        helloButton = (Button) activity.findViewById(R.id.hello_button);
    }

    @After
    public void tearDown() throws Exception {
        super.tearDown();
    }

    @Test
    public void testPreconditions() {
        assertNotNull("Activity is null", activity);
        assertNotNull("TextView is null", textView);
        assertNotNull("EditText is null", editText);
        assertNotNull("HelloButton is null", helloButton);
    }

    @Test
    public void textView_label() {
        final String expected = activity.getString(R.string.hello_world);
        final String actual = textView.getText().toString();
        assertEquals(expected, actual);
    }
```

```
    @Test
    public void editText_hint() {
        final String expected = activity.getString(R.string.name_hint);
        final String actual = editText.getHint().toString();
        assertEquals(expected, actual);
    }

    @Test
    public void helloButton_label() {
        final String expected = activity.getString(R.string.hello_button_label);
        final String actual = helloButton.getText().toString();
        assertEquals(expected, actual);
    }
}
```

❶ 테스트 크기에는 @SmallTest, @MediumTest, @LargeTest가 있음

❷ 안드로이드를 위한 JUnit 4 러너를 사용함

❸ 새로운 JUnit 4 러너를 사용하는 데 필요함

새로운 AndroidJUnitRunner 클래스는 안드로이드 테스팅 서포트 라이브러리의 일부입니다. JUnit 4을 지원하므로 기존 JUnit 3 스타일과는 달리 애너테이션으로 테스트 코드를 지정할 수 있습니다. 안드로이드 테스팅 서포트 라이브러리에 관한 자세한 내용은 https://developer.android.com/topic/libraries/testing-support-library/index.html(https://goo.gl/xSxzoj)을 참고하세요.

[예제 5-9]에서는 멤버 변수로 UI의 위젯들을 포함합니다. @Before 메서드는 이들 멤버 변수의 값을 할당하는데, 관련 문서에서는 testPreconditions 메서드에서 UI 위젯들이 정상적으로 로딩되었는지 확인합니다. 다른 테스트와 다른 것은 없으며 실패했을 때 원인을 손쉽게 확인할 수 있습니다.

다른 테스트는 문자열 리소스로부터 문자열을 가져오고 실제 UI 위젯들의 레이블을 가져옵니다. 테스트 코드에서는 어떤 것도 변경하지 않는 읽기 전용입니다.

마지막으로 @MediumTest 애너테이션은 테스트 메서드의 크기를 나타냅니다. 몇 밀리 초 정도 걸리는 테스트는 @SmallTest로, 수백 밀리 초 수준은 @MediumTest로 표기하고, 그 외에는 @LargetTest가 적절합니다.[6]

----

6 옮긴이주_이것에 관행적인 것으로 별도의 표준은 없습니다.

그레이들에서 테스트 코드를 실행하려면 연결된 기기나 에뮬레이터가 있어야 히며 connected
Check 태스크를 실행합니다.

 connectedCheck 태스크를 실행하면 연결된 모든 기기와 에뮬레이터에서 테스트를 동시에 진행합니다.

테스트는 [예제 5-10]과 같이 두 개의 에뮬레이터에서 동시에 실행합니다.

예제 5-10 그레이들로 테스트 실행

```
> ./gradlew connectedCheck
:app:preBuild UP-TO-DATE
:app:preDebugBuild UP-TO-DATE
:app:checkDebugManifest
:app:prepareDebugDependencies
// 수많은 태스크 …
:app:packageDebugAndroidTest UP-TO-DATE
:app:assembleDebugAndroidTest UP-TO-DATE
:app:connectedDebugAndroidTest
:app:connectedAndroidTest
:app:connectedCheck

BUILD SUCCESSFUL
```

실행결과 보고서는 app/build/reports/androidTests/connected 디렉터리에 있고, HTML
결과 보고서는 [그림 5-7]과 같습니다.

그림 5-7 테스트 실행결과 보고서(Test 기준)

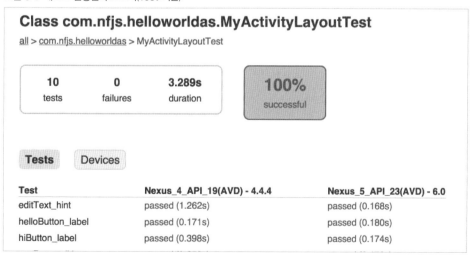

테스트 실행결과 보고서에는 에뮬레이터의 이름과 각 테스트의 결과가 표시됩니다. 보고서 가운데 [Devices] 버튼을 누르면 [그림 5-8]과 같이 기기 기준으로 정렬하여 표시합니다.

그림 5-8 테스트 실행결과 보고서(기기 기준)

안드로이드 테스팅 서포트 라이브러리는 이외에도 많은 일을 할 수 있지만, 이 경우 테스트 코드가 급격하게 복잡해지는 문제가 있습니다. UI에서 데이터를 추가하고 버튼을 클릭하고 결과를 확인하는 등의 작업은 Robotium과 Espresso를 이용하는 것이 훨씬 쉽습니다. 이에 관한 레시피는 함께 보기를 참고하세요.

함께 보기

레시피 5.3은 UI를 테스트할 때 Robotium 라이브러리를 사용하는 법을 알려줍니다. 구글은 이제 Espresso 라이브러리를 안드로이드 테스트의 표준으로 채택하였습니다. Espresso에 관한 내용은 레시피 5.4에서 다룹니다.

5.3 Robotium으로 기능 테스트하기

문제

Robotium 라이브러리를 이용하여 액티비티를 테스트하고 싶다.

해결

모듈 build.gradle 파일에 Robotium 의존성을 추가하고 테스트를 실행한다.

논의

안드로이드 테스팅 서포트 라이브러리에는 액티비티의 위젯에 접근할 수 있는 클래스를 제공하지만, 안드로이드 UI를 테스트하는 더 쉬운 방법이 있습니다. 이 책이 테스트에 관한 책은 아니지만, Robotium 라이브러리를 그레이들 빌드 파일에 추가하고 테스트를 실행하는 것입니다. Robotium 프로젝트[7]의 모토는 'Selenium[8]과 비슷하지만, 안드로이드를 위하여'입니다. Selenium은 안드로이드 애플리케이션의 UI를 블랙박스 방식으로 테스트할 수 있는 자동화 프레임워크입니다.

모듈 build.gradle 파일에 [예제 5-11]과 같이 Robotium 의존성을 추가합니다.

예제 5-11 Robotium 의존성 추가

```
dependencies {
    androidTestCompile 'com.jayway.android.robotium:robotium-solo:5.4.1'[9]
}
```

MyActivity는 단순한 액티비티로 [예제 5-12]와 같이 사용자에게 이름을 물어보고 Intent를 생성한 다음 사용자에게 인사하는 WelcomeActivity를 실행합니다.

예제 5-12 MyActivity 클래스는 일종의 Hello World 애플리케이션

```
public class MyActivity extends Activity {
    private TextView textView;
    private EditText editText;

    @Override
    protected void onCreate(Bundle savedInstanceState) {
        super.onCreate(savedInstanceState);
        setContentView(R.layout.activity_my);

        textView = (TextView) findViewById(R.id.text_view);
        editText = (EditText) findViewById(R.id.edit_text);
```

---

7 https://github.com/RobotiumTech/robotium
8 옮긴이주_Selenium은 웹 UI를 테스트하는 프레임워크입니다. http://www.seleniumhq.org/를 참고하세요.
9 옮긴이주_Robotium 최신 버전은 5.6.3입니다(2016년 10월 기준).

```
        Button helloButton = (Button) findViewById(R.id.hello_button);
        helloButton.setOnClickListener(new View.OnClickListener() {
            @Override
            public void onClick(View v) {
                sayHello(v);
            }
        });
    }

    public void sayHello(View view) {
        String name = editText.getText().toString();
        Intent intent = new Intent(this, WelcomeActivity.class);
        intent.putExtra("name", name);
        startActivity(intent);
    }
}
```

Robotium은 'com.robotium.solo.Solo'라는 클래스를 제공하는데, 테스트하려는 액티비티
와 Instrumentation 객체를 감싸고 있습니다. 이것으로 텍스트를 추가하고 버튼을 클릭하
는 등의 작업을 수행할 수 있습니다. UI 스레드인지 아닌지는 걱정하지 않아도 됩니다. [예제
5-13]은 앞의 액티비티를 테스트하는 예제 코드입니다.

예제 5-13 MyActivity를 위한 Robotium 테스트 코드

```
public class MyActivityRobotiumTest
    extends ActivityInstrumentationTestCase2<MyActivity> {    ❶

    private Solo solo;        ❷
        public MyActivityRobotiumTest() {
        super(MyActivity.class);
    }

    public void setUp() {
        solo = new Solo(getInstrumentation(), getActivity());        ❸
    }

    public void testMyActivity() {
        solo.assertCurrentActivity("MyActivity", MyActivity.class);
    }

    public void testSayHello() {
        solo.enterText(0, "Dolly");
        solo.clickOnButton(getActivity().getString(R.string.hello_button_label));
        solo.assertCurrentActivity("WelcomeActivity", WelcomeActivity.class);
        solo.searchText("Hello, Dolly!");
    }
```

```
    public void tearDown() {
        solo.finishOpenedActivities();
    }
}
```

❶ 액티비티를 테스트하려면 이 클래스를 상속해야 함
❷ Robotium을 위한 Solo 객체
❸ Solo 객체를 인스턴스화

Robotium은 다른 액티비티 테스트와 마찬가지로 ActivityInstrumentationTestCase2를 상속합니다. Solo 객체는 액티비티 객체와 Instrumentation 객체를 사용하여 인스턴스화합니다. 테스트 코드는 enterText, clickOnButton 또는 searchText와 같은 Solo 클래스의 메서드를 호출합니다.

Robotium의 유일한 단점은 옛날 JUnit 3 방식만 지원한다는 것입니다. setup과 tearDown 메서드를 반드시 사용해야 하고, 모든 테스트는 public 메서드며 메서드 이름은 testXYZ() 패턴을 따라야 합니다. 하지만 테스트 코드를 쉽게 작성할 수 있는 점은 여전히 매력적입니다.

테스트 클래스는 다른 안드로이드 테스트와 같이 androidTest 디렉터리에 저장됩니다. connectedCheck 태스크를 실행하면 연결된 모든 에뮬레이터와 기기에서 동시에 테스트가 실행됩니다.

예제 5-14 그레이들에서 테스트 실행

```
> ./gradlew connectedCheck
:app:preBuild UP-TO-DATE
:app:preDebugBuild UP-TO-DATE
:app:checkDebugManifest
:app:prepareDebugDependencies
// 다수의 태스크
:app:packageDebugAndroidTest UP-TO-DATE
:app:assembleDebugAndroidTest UP-TO-DATE
:app:connectedDebugAndroidTest
:app:connectedAndroidTest
:app:connectedCheck

BUILD SUCCESSFUL
```

결과는 [그림 5-9]와 같으며 두 개의 에뮬레이터에서 실행되었습니다.

그림 5-9 Robotium 테스트 결과 보고서

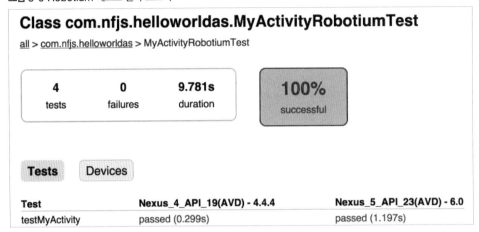

보고서에서 [Devices] 버튼을 누르면 [그림 5-10]과 같이 기기 기준으로 결과를 표시합니다.

그림 5-10 기기 순서로 정렬한 Robotium 테스트 결과 보고서

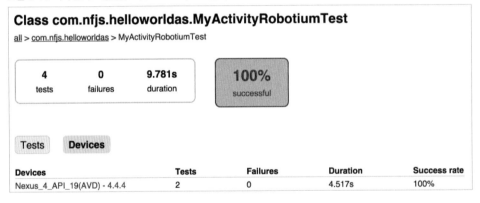

자세한 내용은 Robotium JavaDocs 문서[10]와 예제 코드를 참고하세요

함께 보기

레시피 5.2에서는 안드로이드 테스팅 서포트 라이브러리를 활용한 액티비티 테스트를 다룹니다. 레시피 5.4에서는 Espresso를 활용한 테스트를 알려줍니다.

---

10 http://recorder.robotium.com/javadoc/

5.4 Espresso로 액티비티 테스트하기

문제

구글에서 제공하는 Espresso 라이브러리를 활용하여 액티비티를 테스트하고 싶다.

해결

모듈 build.gradle 파일에 Espresso 의존성을 추가하고 테스트 코드를 작성한다.

논의

Espresso 테스트 라이브러리는 'Android Test Kit' 프로젝트에 추가된 안드로이드를 위한 구글의 테스트 도구입니다. Espresso에 관한 문서는 위키[11]를 참고하세요. Espresso는 구글에서 만들었고 특별히 안드로이드를 위하여 설계하였기 때문에 미래에는 안드로이드 테스트의 권고안으로 채택될 가능성이 커 보입니다.[12] 이 책이 테스트에 관한 책은 아니지만, Espresso를 설정하고 실행하는 것은 그레이들 영역에도 해당하므로 여기서 간단하게 설명하겠습니다.

Espresso는 Android Support Repository에 포함되고, SDK 매니저에서 Extras 하위에 존재합니다. 이것에 관해서는 레시피 5.2에서도 나와 있어서 [그림 5-11]은 해당 레시피에 있던 그림을 그대로 가져왔습니다.

그림 5-11 SDK 매니저에서 Android Support Repository 추가

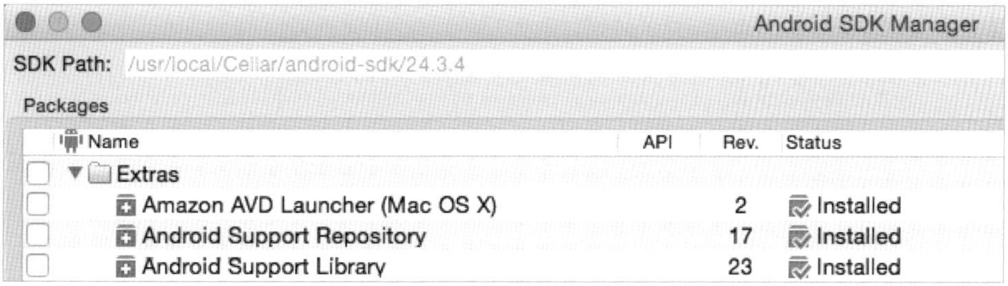

---

11 https://google.github.io/android-testing-support-library/docs/index.html(**단축 URL** http://bit.ly/espresso-docs)
12 옮긴이주_실제로 Espresso는 안드로이드 테스팅 서포트 라이브러리에 편입되어 공식 테스트 도구가 되었습니다.

Espresso를 사용하려면 [예제 5-15]와 같이 모듈 build.gradle 파일에 androidTest
Compile 의존성을 추가합니다.

예제 5-15 Espress 의존성 추가

```
dependencies {
    androidTestCompile 'com.android.support.test:runner:0.5'
    androidTestCompile 'com.android.support.test.espresso:espresso-core:2.2.2'
}
```

이 상태로 빌드하면 Support Annotation 라이브러리의 버전이 충돌합니다. Espresso는
23.1.1을 사용하는데, SDK 23에는 23.3.0 버전이 포함되어 있기 때문입니다. 이때 나오는 오
류 메시지는 다음과 같습니다.

```
WARNING: Error:Conflict with dependency 'com.android.support:support-annotations'.
Resolved versions for app (23.3.0) and test app (23.1.1) differ. See http://g.co/
androIDstudio/app-test-app-conflict for details.
```

시간이 지나면 해결되겠지만, 빌드는 해야 하므로 차선책을 찾아봅시다. [예제 5-16]과 같이
프로젝트 build.gradle 파일의 allProjects 블록에 버전 충돌 해결 전략을 강제로 지정합니다.

예제 5-16 라이브러리 버전 충돌 해결

```
allprojects {
    repositories {
        jcenter()
    }

    configurations.all {
        resolutionStrategy.force
            'com.android.support:support-annotations:23.3.0'
    }
}
```

Espresso를 사용하려면 testInstrumentationRunner도 지정해야 합니다. 레시피 5.2에 나
와 있듯이 defaultConfig 블록에서 AndroidJUnitRunner로 지정합니다. 모두 적용하면 모
듈 build.gradle은 [예제 5-17]과 같습니다.

예제 5-17 모두 직용한 모듈 build.gradle

```
apply plugin: 'com.android.application'

android {
    compileSdkVersion 23
    buildToolsVersion "23.0.3"
    defaultConfig {
        applicationId "com.nfjs.helloworldas"
        minSdkVersion 16
        targetSdkVersion 23
        versionCode 1
        versionName "1.0"
        testInstrumentationRunner
        'android.support.test.runner.AndroidJUnitRunner'
    }
}

dependencies {
    compile 'com.android.support:support-annotations:23.3.0'
    androidTestCompile 'com.android.support.test:runner:0.5'
    androidTestCompile 'com.android.support.test.espresso:espresso-core:2.2.2'
}
```

Espresso 테스트는 Espresso와 Hamcrest 매처의 메서드를 정적 임포트하기를 권장합니다. [예제 5-18]을 보면 정적 임포트를 포함하고 있습니다.

예제 5-18 정적 임포트를 포함한 Espresso 테스트 코드

```
package com.nfjs.helloworldas;

import android.support.test.rule.ActivityTestRule;
import android.support.test.runner.AndroidJUnit4;
import android.test.ActivityInstrumentationTestCase2;
import android.test.suitebuilder.annotation.MediumTest;

import org.junit.Rule;
import org.junit.Test;
import org.junit.runner.RunWith;

import static android.support.test.espresso.Espresso.onView;
import static android.support.test.espresso.action.ViewActions.click;
import static android.support.test.espresso.action.ViewActions.typeText;
import static android.support.test.espresso.assertion.ViewAssertions.matches;
import static android.support.test.espresso.matcher.ViewMatchers.withId;
import static android.support.test.espresso.matcher.ViewMatchers.withText;
```

```
import static org.hamcrest.CoreMatchers.containsString;

@RunWith(AndroidJUnit4.class)
@MediumTest
public class MyActivityEspressoTest extends ActivityInstrumentationTestCase2<MyAct
ivity> {
    public MyActivityEspressoTest() {
        super(MyActivity.class);
    }

    @Rule
    public ActivityTestRule<MyActivity> mActivityRule =
    new ActivityTestRule<>(MyActivity.class);

    @Test
    public void testHelloWorld() {
        onView(withId(R.id.edit_text))
            .perform(typeText("Dolly"));
        onView(withId(R.id.hello_button))
            .perform(click());
        onView(withId(R.id.greeting_text))
            .check(matches(withText(containsString("Dolly"))));
    }
}
```

단순한 DSL은 액티비티가 아니라 사용자의 행동에 주목합니다. 이 테스트에서는 버튼을 클릭했을 때 MyActivity에서 WelcomeActivity로 이동하는 것에 대하여 명확히 드러나지 않지만, 실제로는 발생합니다. 테스트 결과는 [그림 5-12]와 같습니다.

그림 5-12 Espresso 테스트 결과 보고서

다시 한 번 [Devices]를 누르면 [그림 5　13]과 같이 기기 순으로 정리된 결과가 표시됩니다.

그림 5-13 기기 순으로 정리된 Espresso 테스트 결과 보고서

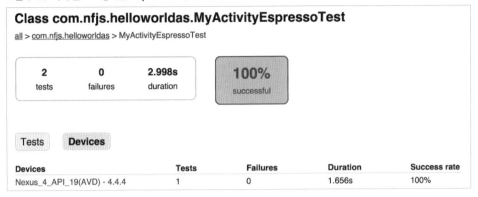

Espresso는 기능 테스트를 만드는 데 흥미로운 DSL 접근방식을 제공합니다. 곧 추천 API가 될 것 같습니다.[13]

| 테스트 결과 모아서 보기 |

프로젝트에 제품 특성을 추가하거나 여러 모듈로 구성하였다면 HTML 결과 보고서는 각각 별 도의 디렉터리로 구분되므로 일일이 확인하려면 번거롭습니다. 다행히도 모든 결과 보고서를 한 개의 빌드 디렉터리로 모아주는 플러그인이 있습니다. [예제 5-19]와 같이 프로젝트 build. gradle 파일의 buildscript 블록 다음에 android-reporting 플러그인을 추가합니다.

예제 5-19 android-reporting 플러그인 추가

```
allprojects {
    repositories {
        jcenter()
    }

    configurations.all {
        resolutionStrategy.force
        'com.android.support:support-annotations:23.3.0'
    }
}

apply plugin: 'android-reporting'  ❶
```

---

13 옮긴이주_실제로 안드로이드 테스팅 서포트 라이브러리에 공식 편입되었습니다.

❶ 테스트 결과 보고서를 한 개의 파일로 모아주는 플러그인 추가

이제 mergeAndroidReports 태스크를 실행하면 모든 결과가 한 개의 파일로 합쳐집니다.

예제 5-20 안드로이드 결과 보고서 병합

```
> ./gradlew deviceCheck mergeAndroidReports —continue
```

--continue 옵션은 그레이들의 표준 옵션으로 빌드 중간에 실패하더라도 끝까지 계속하라는 지시자입니다. 다수의 제품 특성을 포함한 프로젝트의 테스트 결과 보고서는 [그림 5-14]와 같습니다.

그림 5-14 병합된 테스트 결과 보고서

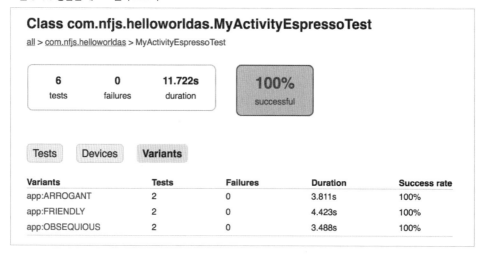

함께 보기

레시피 5.2는 안드로이드 테스팅 서포트 라이브러리를 사용한 액티비티 테스트를 다룹니다. 레시피 5.3은 Robotium 기반의 테스트를 알려줍니다. 테스트 결과를 한 개의 파일로 모아주는 기능은 Espresso만의 기능은 아니고 항상 사용할 수 있습니다.

CHAPTER 6

성능과 문서화

6.1 빌드 속도 빠르게 하기

문제

그레이들 빌드 속도를 빠르게 하고 싶다.

해결

여기서 추천한 사항들을 적용한다.

논의

먼저 여기서 다루는 내용은 애플리케이션 자체의 성능을 향상하는 것이 아님을 알아두어야 합니다. 안드로이드에 기본 탑재된 ProGuard를 활용하면 애플리케이션 성능 향상에 도움을 받을 수 있지만, 여기는 그에 관한 내용이 아니라 빌드 속도를 빠르게 하는 방법에 초점을 맞춥니다.

여기서는 gradle.properties 파일의 설정에 대하여 다룹니다. 전역 설정을 변경하고자 한다면 사용자 홈 디렉터리의 .gradle 디렉터리에 gradle.properties 파일을 추가하면 됩니다.

| 그레이들 데몬 |

그레이들 데몬은 백그라운드 프로세스로, 빌드가 끝나도 살아있으며 관련 데이터와 코드를 캐싱합니다. 가장 최신 버전의 그레이들은 명령창에서 빌드를 수행할 때마다 자동으로 그레이들 데몬을 시작합니다.

안드로이드 스튜디오는 기본으로 프로젝트를 위한 그레이들 데몬을 시작합니다. 타임아웃은 3시간이나 대부분 개발 작업에는 문제가 없습니다. 하지만 명령창에서 그레이들 빌드를 실행하면 데몬이 실행되지 않습니다. 그레이들 데몬을 활성화하려면 [예제 6-1]과 같이 gradle. properties 파일을 설정합니다.

예제 6-1 gradle.properties 파일에 그레이들 데몬 설정

```
org.gradle.daemon=true
```

그레이들 데몬은 명령창의 옵션으로 시작하거나 종료할 수 있습니다. --daemon과 --no-daemon 옵션은 빌드 시 데몬 옵션을 활성화하거나 비활성화하는 데 사용합니다. 내부 캐시가 오래된 내용이거나 디버그 중이라면 데몬을 끄는 것이 나을 수도 있습니다. 시작된 데몬을 중단하려면 --stop 옵션을 사용합니다.

 CI^{Continuous Intregration} 환경에서는 그레이들 데몬을 사용하지 않는 것이 좋습니다. 그 이유는 빌드 속도보다는 매번 안정적이고 반복적으로 빌드를 수행하는 것이 더 중요하기 때문입니다.[1]

| 병렬 컴파일 |

그레이들에는 서로 독립적인 모듈을 병렬로 컴파일하는 '인큐베이팅^{Incubating}' 옵션이 있습니다. 이것을 사용하려면 [예제 6-2]와 같이 gradle.properties 파일에 추가합니다.

예제 6-2 gradle.properties 파일에 병렬 컴파일 사용

```
org.gradle.parallel=true
```

속도가 향상되지 않을 수도 있습니다. 안드로이드 프로젝트의 대부분 모듈은 서로 연관되어 있기 때문에 병렬 컴파일의 이점을 상쇄하게 됩니다.

---

1 옮긴이주_예를 들어, 젠킨스 같은 환경은 다수의 개발자가 접속하여 빌드를 동시에 진행하므로 그레이들 데몬과 같이 내부 데이터나 캐시를 활용하면 꼬일 수 있습니다.

| 필요할 때만 설정하기 |

그레이들은 보통 빌드의 실행 단계에 앞서 빌드에 포함된 모든 태스크를 설정(configuration phase)합니다.[2] 하위 모듈과 포함된 태스크가 많은 경우에는 이것이 비효율적입니다. 따라서 필요한 모듈에 대해서만 설정할 수 있는 옵션을 제공합니다.

[예제 6-3]과 같이 필요할 때만 설정하도록 gradle.properties 파일을 변경합니다.

예제 6-3 gradle.properties 파일에 필요할 때만 설정하게 하기

```
org.gradle.configureondemand=true
```

대부분의 안드로이드 애플리케이션은 한두 개의 모듈로 구성되어 있어서 이 기능이 크게 도움되지 않을 수도 있습니다. 이것은 인큐베이팅Incubating 기능으로, 세부적인 내용은 그레이들의 버전에 따라 달라질 수 있습니다.

| 불필요한 태스크 제외하기 |

레시피 4.3에 나와 있듯이 -x 옵션은 빌드 시 특정 태스크를 제외할 수 있습니다. 이를테면 lint와 같이 매번 빌드에서 필요하지는 않지만, 시간을 많이 소요하는 태스크에 적용합니다. 또한, 태스크 그래프가 생성된 이후에 특정 태스크를 비활성화하는 방법도 다루고 있습니다.

| JVM 설정 바꾸기 |

그레이들 빌드는 자바 프로세스에서 실행되므로 JVM에 영향을 주는 옵션은 그레이들 성능에도 영향을 미칩니다. [예제 6-4]는 JVM을 위한 몇 가지 설정을 보여줍니다.

예제 6-4 gradle.properties 파일에 JVM 옵션 설정

```
org.gradle.jvmargs=-Xmx2048m -XX:MaxPermSize=512m -XX:+HeapDumpOnOutOfMemoryError
```

-Xmx 옵션은 자바 프로세스에서 사용하는 최대 메모리를 의미하고, -Xms 옵션은 프로세스에 최초에 할당하는 메모리양입니다. 예제는 JVM의 영구 영역Permanent Generation의 크기를 변경하고 java.lang.OutOfMemoryError가 발생했을 때 힙 덤프를 파일에 저장합니다. 자세한 내용은 자바 HotSpot VM 옵션을 참고하세요.

---

2 옮긴이주_그레이들 라이프 사이클은 초기화 단계, 설정 단계, 실행 단계로 이어집니다.

| 꼭 필요한 의존성만 사용하기 |

이것은 특히 구글 플레이 서비스에 해당하는데, 예전에는 큰 라이브러리가 필요했지만 이제는 별도의 모듈 형태로 구별되어 있기 때문입니다. 예를 들어, 구글 지도를 사용하려면 [예제 6-5]와 같이 전체 구글 플레이 서비스의 의존성을 컴파일할 때 추가해야 합니다.

예제 6-5 전체 구글 플레이 서비스 의존성 추가

```
dependencies {
    compile 'com.google.android.gms:play-service:7.8.0'
}
```

구글 플레이 서비스는 하위에 많은 모듈을 추가한 다소 거대한 라이브러리입니다. [그림 6-1]과 같이 구글 플레이 서비스 전체를 추가하면 포함된 모듈 목록이 표시됩니다.

그림 6-1 구글 플레이 서비스 전체 세트

▼ **External Libraries**
    ▶ **< Android API 23 Platform >** (/usr/l
    ▶ **< 1.7 >** (/Library/Java/JavaVirtualM.
    ▶ **appcompat-v7-23.0.0**
    ▶ **mediarouter-v7-22.2.0**
    ▶ **play-services-ads-7.8.0**
    ▶ **play-services-analytics-7.8.0**
    ▶ **play-services-appindexing-7.8.0**
    ▶ **play-services-appinvite-7.8.0**
    ▶ **play-services-appstate-7.8.0**
    ▶ **play-services-base-7.8.0**
    ▶ **play-services-cast-7.8.0**
    ▶ **play-services-drive-7.8.0**
    ▶ **play-services-fitness-7.8.0**
    ▶ **play-services-games-7.8.0**
    ▶ **play-services-gcm-7.8.0**
    ▶ **play-services-identity-7.8.0**
    ▶ **play-services-location-7.8.0**
    ▶ **play-services-maps-7.8.0**
    ▶ **play-services-nearby-7.8.0**
    ▶ **play-services-panorama-7.8.0**
    ▶ **play-services-plus-7.8.0**
    ▶ **play-services-safetynet-7.8.0**
    ▶ **play-services-vision-7.8.0**
    ▶ **play-services-wallet-7.8.0**
    ▶ **play-services-wearable-7.8.0**

인드로이드에는 6만 4천 개리는 메서드 개수 제한이 있어서[3] 불필요한 메서드 핸들을 추가할 필요는 없습니다. 대신 [예제 6-6]과 같이 꼭 필요한 구글 지도 의존성만 추가합니다.

예제 6-6 구글 지도 의존성만 추가하기

```
dependencies {
    compile 'com.google.android.gms:play-service-maps:7.8.0'
}
```

[그림 6-2]와 같이 확연히 줄어든 라이브러리 개수를 볼 수 있습니다.

그림 6-2 구글 지도 의존성만 추가했을 때

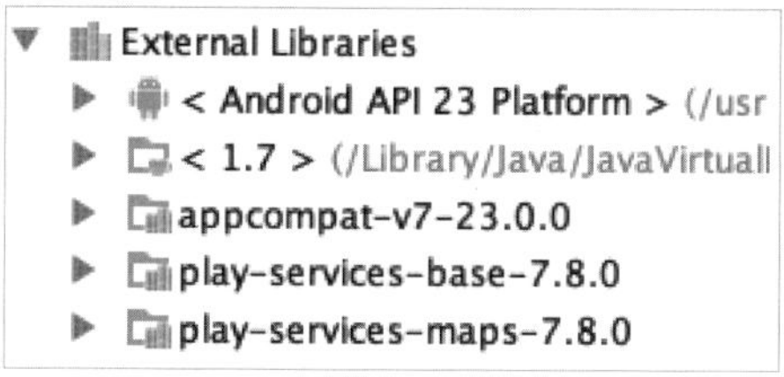

```
▼  📚 External Libraries
   ▶  🤖 < Android API 23 Platform > (/usr
   ▶  📱 < 1.7 > (/Library/Java/JavaVirtual
   ▶  📚 appcompat-v7-23.0.0
   ▶  📚 play-services-base-7.8.0
   ▶  📚 play-services-maps-7.8.0
```

| dex 옵션 사용하기 |

android 블록에서는 자바 바이트 코드(.class 파일)를 달빅^{Dalvik} 실행 파일(.dex 파일)로 변환하는 'dex' 프로세스에 관한 옵션을 지정할 수 있습니다. dexOptions 블록은 [예제 6-7]과 같은 내용을 포함합니다.

예제 6-7 android 블록 하위의 dexOptions 블록

```
dexOptions {
    incremental true
    javaMaxHeapSize '2g'
    jumboMode = true
    preDexLibraries = true
}
```

incremental 옵션은 dx 프로세서에 증분 모드^{Incremental Mode}를 활성화할 것인지를 알려줍니다. 문서에 따르면 '많은 제약 사항이 있고 동작하지 않을 수도 있으니 주의를 필요로 함'이라고 되

---

3 옮긴이주_자세한 내용은 https://developer.android.com/studio/build/multidex.html 문서를 참고하세요.

어 있습니다. `javaMaxHeapSize`는 JVM 옵션으로 Xmx 값을 지정하는 것입니다. 2MB보다 크고 1024의 배수여야 합니다. 여기서는 2GB로 지정하였습니다.

`jumbo mode`는 dex 파일에 대량의 문자열을 허용합니다. 이것이 문제가 된다면 ProGuard 설정을 알아보는 것이 더 유용합니다. `preDexLibraries`는 라이브러리에 대한 dx 프로세서를 앞서 실행합니다. 문서에 따르면 '이것은 증분 빌드를 빠르게 할 수 있지만, clean 빌드는 더욱 느려질 수 있다'라고 합니다.

앞의 설정은 빌드를 빠르게 할 수도 있고 오히려 느리게 할 수도 있으므로 사용하기 전에 충분히 시험해봐야 합니다.

| 빌드를 프로파일하기 |

빌드할 때 명령창에 --profile 옵션을 사용하면 빌드에 관한 유용한 정보를 얻을 수 있습니다. 결과 보고서는 HTML 형식이며 build/reports/profile 디렉터리에 저장됩니다. 이 경우에는 프로젝트 루트에 저장됩니다. 예를 들어, [예제 6-8]과 같이 다수의 제품 특성이 포함된 `assembleDebug` 태스크를 실행합니다.

예제 6-8 --profile 옵션으로 그레이들 빌드하기

```
> ./gradlew —profile assembleDebug
:app:preBuild UP-TO-DATE
:app:preArrogantStarkDebugBuild UP-TO-DATE
:app:checkArrogantStarkDebugManifest
:app:preArrogantStarkReleaseBuild UP-TO-DATE
:app:preArrogantWayneDebugBuild UP-TO-DATE
:app:preArrogantWayneReleaseBuild UP-TO-DATE
:app:preFriendlyStarkDebugBuild UP-TO-DATE
:app:preFriendlyStarkReleaseBuild UP-TO-DATE
:app:preFriendlyWayneDebugBuild UP-TO-DATE
:app:preFriendlyWayneReleaseBuild UP-TO-DATE
:app:preObsequiousStarkDebugBuild UP-TO-DATE
:app:preObsequiousStarkReleaseBuild UP-TO-DATE
:app:preObsequiousWayneDebugBuild UP-TO-DATE
:app:preObsequiousWayneReleaseBuild UP-TO-DATE
// 다수의 태스크 …
:app:assembleObsequiousWayneDebug
:app:assembleDebug

BUILD SUCCESSFUL
```

실행결과는 build/reports/profile 디렉터리에 저장되며 파일명은 'profile-YYYY-MM-dd-hh-mm-ss.html' 형식입니다. profile 다음은 보고서가 저장된 연도, 월, 일, 시간, 분, 초를 의미합니다. [그림 6-3]은 결과 보고서의 예시입니다.

그림 6-3 결과 보고서 예시

다양한 탭은 결과 보고서를 각 설정과 실행 단계별로 구분합니다. 이와 같은 작은 규모의 프로젝트 보고서는 단순하지만, 여러 모듈이 포함된 대형 프로젝트는 병목 구간을 발견하는 데 유용한 정보가 많습니다.

함께 보기

Java 7과 그 이전 버전을 위한 Java HotSpot VM 옵션에 대해서는 http://www.oracle.com/technetwork/articles/java/vmoptions-jsp-140102.html (http://bit.ly/javahotspot)을 참고하세요. 레시피 4.3은 태스크 그래프가 생성된 이후에도 원하는 태스크를 제외하는 방법을 알려줍니다.

6.2 DSL 문서

문제

안드로이드를 위한 그레이들 DSL 문서 전체를 찾아보고 싶다.

해결

Gradle Tools 웹 사이트를 방문하거나 Android Developer 웹 사이트에서 ZIP 파일을 다운로드한다.

논의

안드로이드 개발자 홈페이지[4]는 전체 API 가이드와 JavaDoc 레퍼런스, 각종 도구 문서 등이 있지만, 그레이들을 위한 안드로이드 플러그인에 관한 내용은 거의 없습니다. 대신 Android Tools Project 사이트[5]에는 [그림 6-4]와 같이 최근 정보와 그레이들 플러그인 사용자 가이드와 같은 링크가 있습니다.

그림 6-4 Android Tools Project 사이트

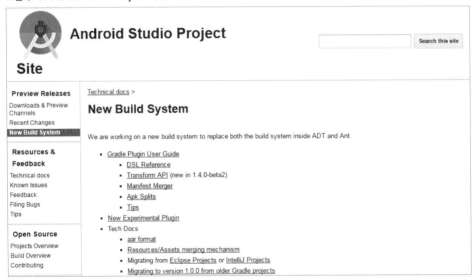

---

4 https://developer.android.com

5 https://sites.google.com/a/android.com/tools/tech-docs/new-build-system(http://bit.ly/as-new-build)

[그림 6-5]에 있는 사용자 가이드[6]도 유용하지만, 최신 정보로 업데이트가 잘 안 되는 편입니다. 아마도 이 책이 존재하는 이유 중 하나일 것입니다.

그림 6-5 그레이들 플러그인 사용자 가이드

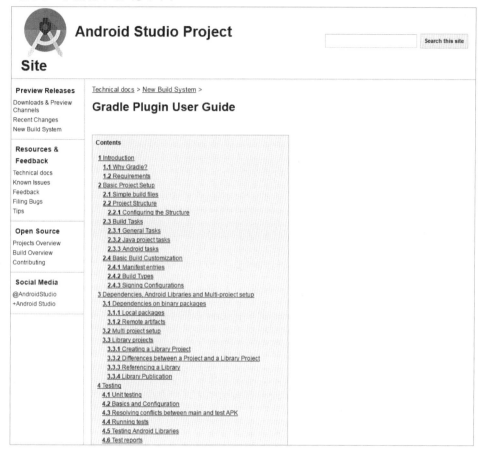

Android Tools Project 사이트의 다른 링크는 DSL 레퍼런스[7]로, 문서를 담고 있는 GitHub 저장소입니다. 운이 좋게도 문서를 보기 위하여 저장소를 클론[done]하거나 빌드할 필요는 없습니다. [그림 6-6]과 같이 대문 페이지[8]는 최신 버전의 DSL 레퍼런스에 대한 링크를 포함합니다.

---

6 https://sites.google.com/a/android.com/tools/tech-docs/new-build-system/user-guide(http://bit.ly/gradle-guide)

7 https://github.com/google/android-gradle-dsl

8 http://google.github.io/android-gradle-dsl/current/index.html

그림 6-6 최신 DSL 레퍼런스

플러그인 레퍼런스는 DSL 자체뿐만 아니라 `buildTypes`과 `productFlavors`, `signing Configs` 블록이 포함되어 있고, 그것을 구현하는 실제 타입도 나와 있습니다. 예를 들어, `com. android.build.gradle.internal.dsl` 패키지의 `BuildType` 페이지는 해당 클래스의 모든 속성과 메서드를 표시합니다.

마지막으로, 그레이들 웹 사이트[9]에는 JavaDocs, GroovyDocs, DSL 레퍼런스와 그레이들 자체에 대한 사용자 가이드[10]가 나와 있습니다. 참고 페이지를 정리하면 다음과 같습니다.

- 안드로이드 개발자 사이트 https://developer.android.com/index.html
- Android Tools Project 사이트 https://sites.google.com/a/android.com/tools/tech-docs/new-build-system
- 그레이들 플러그인 사용자 가이드 https://sites.google.com/a/android.com/tools/tech-docs/new-build-system/user-guide
- DSL 레퍼런스(GitHub) https://github.com/google/android-gradle-dsl
- DSL 레퍼런스(웹 페이지) http://google.github.io/android-gradle-dsl/current/
- 그레이들 사용자 가이드 https://docs.gradle.org/current/userguide/userguide.html

----

9 http://gradle.org/

10 https://docs.gradle.org/current/userguide/userguide.html(http://bit.ly/gradle—user)

그루비 둘러보기

여기서는 그루비 프로그래밍 언어에 대해서 알아봅니다. 그레이들 빌드 파일은 거의 그루비 언어로 만들어진 도메인 특화 언어[DSL]지만, 일반적인 그루비 코드도 빌드 파일에 추가할 수 있습니다. 그루비는 자바 기반이며 자바 바이트 코드로 컴파일되는 범용 프로그래밍 언어입니다. 함수형 언어의 특징을 가지고 있으며 C++에서 자바로 이어지는 차세대 객체지향 언어입니다.

A.1 기본 문법

[예제 A-1]은 그루비 언어로 만든 한 줄짜리 Hello World 프로그램입니다.

예제 A-1 그루비로 만든 Hello World

```
println 'Hello, World!'
```

여기서 기억할 내용은 다음과 같습니다.

- 세미콜론(;)은 선택사항입니다. 넣으면 정상 동작하고 빼도 문제없습니다.
- 괄호도 문제없는 상황에서는 선택사항입니다. 컴파일러가 정상적으로 추론할 수 있다면 문제없이 동작합니다. 그렇지 않다면 넣어야 합니다. println 메서드는 String 인자를 받습니다. 여기서 괄호는 생략하였습니다.
- 그루비에는 두 종류의 문자열이 있습니다. Hello처럼 작은따옴표(')로 감싼 문자열은 java.lang.String의 객체입니다. 큰따옴표(")로 감싼 문자열은 그루비 문자열로, [예제 A-2]와 같이 치환법이 적용됩니다.

그루비에는 기본형^{Primitive Type}이 없습니다. 모든 변수는 java.lang.Integer와 java.lang. Character, java.lang.Double과 같이 래퍼 클래스입니다. 3과 같은 정수형 상수는 Integer 객체고, 3.5와 같은 부동 소수점 상수는 java.math.BigDecimal입니다. 상수가 래퍼 클래스 이므로 메서드를 호출할 수 있다는 것을 명심하기 바랍니다.

예제 A-2 그루비의 기본 데이터 타입

```
assert 3.class == Integer
assert (3.5).class == BigDecimal
assert 'abc' instanceof String        ❶
assert "abc" instanceof String        ❷
String name = 'Dolly'
assert "Hello, ${name}!" == 'Hello, Dolly!'  ❸
assert "Hello, $name!" == 'Hello, Dolly!'    ❹
assert "Hello, $name!" instanceof GString
```

❶ 작은따옴표 문자열은 자바 문자열
❷ 큰따옴표 문자열도 치환될 값이 없다면 자바 문자열
❸ 문자열 치환법 전체 양식
❹ 문자열 치환법 단축 양식(모호하지 않은 경우)

그루비는 [예제 A-3]과 같이 String, Date 또는 Employee와 같이 변수에 데이터 타입을 선언 할 수도 있고, def로 선언해도 됩니다.

예제 A-3 정적 vs 동적 데이터 타입

```
Integer n = 3
Date now = new Date()
def x = 3
assert x.class == Integer
x = 'abc'
assert x.class == String
x = new Date()
assert x.class == Date
```

자바는 java.lang 패키지를 자동으로 임포트하는데, 그루비에서는 다음과 같은 모든 패키지 를 자동으로 임포트합니다.

- java.lang
- java.util

- java.io
- java.net
- groovy.lang
- groovy.util

java.math.BigInteger와 java.math.BigDecimal 클래스는 임포트하지 않고 사용하면 됩니다.

A.2 assert 메서드와 그루비 참

그루비에서 assert 메서드는 다음과 같은 '그루비 참^{Groovy Truth}'[1]에 따라 인자를 평가합니다.

- 0이 아닌 숫자(양수, 음수)는 참
- 문자열을 포함하여 비어있지 않은(Nonempty) 컬렉션은 참
- 널이 아닌(Nonnull) 참조는 참
- 불린(Boolean) true는 참

그루비 참은 [예제 A-4]에서 설명합니다.

예제 A-4 그루비 참

```
assert 3; assert -1; assert !0
assert 'abc'; assert !''; assert !""

assert [3, 1, 4, 1, 5, 9]
assert ![]
```

assert 메서드가 통과하면 아무것도 리턴하지 않습니다. 하지만 실패하면 [예제 A-5]와 같이 많은 디버깅 정보가 포함된 예외를 던집니다.

예제 A-5 assert 실패할 때

```
int x = 5; int y = 7
```

---

1 옮긴이주_다른 언어의 참과 기준이 조금 달라서 별도 정의되어 있습니다. http://groovy-lang.org/semantics.html#Groovy-Truth

```
assert 12 == x + y // 통과
assert 12 == 3 * x + 4.5 * y / (2/x + y**3) // 실패
```

실패할 경우 결과는 [예제 A-6]과 같습니다.

예제 A-6 assert 실패 결과

```
Exception thrown

Assertion failed:
assert 12 == 3 * x + 4.5 * y / (2/x + y**3)
          |    | | |    | | |    ||   | ||
      false| 5 |     | 7 |    |5  | |343
           15 |     31.5|   0.4 | 7
              |         |        343.4
              |       0.0917297612
            15.0917297612
       at ConsoleScript11.run(ConsoleScript11:4)
```

A.3 연산자 오버로딩

그루비에서 모든 연산자는 메서드 호출에 해당합니다. 예를 들어, + 기호는 Number 클래스의 plus 메서드를 호출합니다. 이것은 그루비 라이브러리에서도 널리 사용되는데, [예제 A-7]에는 몇몇 예가 나와 있습니다.

예제 A-7 연산자 오버로딩

```
assert 3 + 4 == 3.plus(4)
assert 3 * 4 == 3.multiply(4)

assert 2**6 == 64
assert 2**6 == 2.power(6)

assert 'abc' * 3 == 'abcabcabc' // String.multiply(Number)
try {
    3 * 'abc'
} catch (MissingMethodException e) {
    // Number.multiply(String) 메서드는 없다
}
```

```groovy
String s = 'this is a string'
assert s + ' and more' == 'this is a string and more'
assert s - 'is' == 'th is a string'
assert s - 'is' - 'is' == 'th a string'

Date now = new Date()
Date tomorrow = now + 1 // Date.plus(Integer)
assert tomorrow - 1 == now // Date.minus(Integer)
```

그루비에는 지수함수 연산자(**)도 있습니다. 자바에서는 두 참조가 동일한 객체를 가리키는 지를 == 연산자가 검사하는데, 그루비에서는 equals 메서드를 호출합니다. 참조가 동일한지 알려면 is 메서드를 사용합니다.

A.4 컬렉션

그루비에는 기본으로 제공하는 컬렉션이 있습니다. 대괄호([ ])를 사용하고 각 값을 콤마(,)로 구분하면 ArrayList를 만들 수 있습니다. as 연산자를 호출하면 컬렉션을 다른 타입으로 변환할 수 있습니다. 컬렉션에도 연산자 오버로딩을 사용할 수 있는데, [예제 A-8]에는 plus와 minus, multiply 같은 예가 나와 있습니다.

예제 A-8 컬렉션 예제와 메서드들

```groovy
def nums = [3, 1, 4, 1, 5, 9, 2, 6, 5]
assert nums instanceof ArrayList

Set uniques = nums as Set
assert uniques == [3, 1, 4, 5, 9, 2, 6] as Set

def sorted = nums as SortedSet
assert sorted == [1, 2, 3, 4, 5, 6, 9] as SortedSet
assert sorted instanceof TreeSet

assert nums[0] == 3
assert nums[1] == 1
assert nums[-1] == 5 // 리스트의 마지막 요소
assert nums[-2] == 6

assert nums[0..3] == [3, 1, 4, 1] //두 개의 점(..)은 범위를 의미
assert nums[-3..-1] == [2, 6, 5]
assert nums[-1..-3] == [5, 6, 2]
```

```
String hello = 'hello'
assert 'olleh' == hello[-1..0] // 문자열도 컬렉션임
```

그루비에서 Range는 두 개의 값으로 구성되는데, '시작값..종료값(from..to)' 형식입니다. 범위는 시작값 위치에서 시작하여 각 요소에 next 메서드를 호출하고 종료값 위치까지 호출합니다.

맵^{Map}은 키와 값을 구별하기 위하여 콜론(:)을 사용합니다. 맵에 대괄호 연산자를 사용하면 값에 접근하느냐 새로운 값을 추가하느냐에 따라 getAt이나 putAt 메서드가 됩니다. 닷(.) 연산자도 이와 유사합니다. [예제 A-9]를 참고하세요.

예제 A-9 맵 활용과 메서드들

```
def map = [a:1, b:2, c:2]
assert map.getClass() == LinkedHashMap
assert map.a == 1    ❶
assert map['b'] == 2    ❷
assert map.get('c') == 2    ❸
```

❶ 닷(.)은 put을 의미함
❷ putAt 메서드가 호출됨
❸ 자바 문법도 동작함

A.5 클로저

그루비는 Closure라는 클래스가 있습니다. 이것은 객체처럼 사용할 수 있는 코드 블록을 의미합니다. 일종의 '익명^{Anonymous} 객체'라고 생각해도 됩니다. 과도하게 단순화되었지만, 이해하는 데는 도움이 됩니다.

클로저는 인자를 가지고 코드의 블록을 실행한다는 점에서 Java 8 람다와 유사합니다. 그루비 클로저는 클로저 외부에 정의된 변수를 변경할 수 있습니다. 하지만 Java 8에 Lambda라는 클래스는 없습니다.

그루비에 있는 많은 메서드는 클로저를 인자로 받습니다. 예를 들어, 컬렉션의 each 메서드는 각 요소를 클로저로 보내 실행합니다. [예제 A-10]을 참고하세요.

예제 A-10 그루비의 each 메서드 호출(클로저를 인자로 넘김)

```
def nums = [3, 1, 4, 1, 5, 9]

def doubles = []          ❶
nums.each { n ->          ❷
    doubles << n * 2      ❸
}

assert doubles == [6, 2, 8, 2, 10, 18]
```

❶ 빈 리스트

❷ each는 n이라는 인자를 클로저에 넘김

❸ 좌측 시프트 연산자(<<)는 컬렉션에 추가

 클로저 외부에 있는 변수를 변경하는 것은 부수적인 효과가 발생할 위험이 있으므로 다음에 소개할 collect 메서드를 사용하는 것이 좋습니다.

앞의 예는 컬렉션 요소를 2배로 만드는 자연스러운 방법 같지만, collect를 호출하는 것이 더 좋습니다. collect 메서드는 컬렉션을 직접 변경하여 새로운 컬렉션으로 대체합니다. 이는 Java 8의 map 메서드와 유사합니다. 아니면 Map-Filter-Reduce 프로세스에서 map 동작이라고 생각해도 됩니다.[2]

예제 A-11 그루비의 collect 메서드 활용

```
def nums = [3, 1, 4, 1, 5, 9]
def doubles == nums.collect { it * 2 }
assert doubles == [6, 2, 8, 2, 10, 18]
```

클로저가 한 개의 인자만 가지고 있을 때(이것이 기본)는 화살표(->)를 사용하여 인자에 이름을 넣을 필요가 없습니다. 그냥 it이라고 지칭하면 됩니다. 이 경우 collect 메서드는 doubles 컬렉션을 생성하고 원소 각각을 2배로 곱합니다.

---

2 옮긴이주_'Map-Filter-Reduce'는 함수형 프로그래밍에서 나온 용어로, 기존의 for, if 문장이나 변수를 사용하지 않고 데이터를 하나의 흐름으로 생각하여 처리하는 방식입니다. 자세한 내용은 http://web.mit.edu/6.005/www/fa15/classes/25-map-filter-reduce/(https://goo.gl/wyJ1vQ) 문서를 참고하세요.

A.6 POGO

자바 언어에서 속성과 그에 대한 Getter와 Setter 메서드만 가지고 있는 클래스를 'Plain Old Java Objects' 또는 'POJO'라고 부릅니다. 그루비는 이와 유사하게 POGO를 가지고 있습니다. [예제 A-12]를 살펴봅시다.

예제 A-12 단순한 POGO

```
import groovy.transform.Canonical
@Canonical
class Event {
    String name
    Date when
    int priority
}
```

이 작은 클래스에는 많은 힘이 있는데, POGO는 다음과 같습니다.

- 기본적으로 public 클래스입니다.
- 속성은 기본적으로 private입니다.
- 메서드는 기본적으로 public입니다.
- Getter와 Setter 메서드는 각 속성에 대하여 생성되고 public이나 private으로 지정할 수 없습니다.
- 기본 생성자와 맵 기반(속성:값 형식)의 생성자를 모두 지원합니다.

POGO는 @canonical 애너테이션을 포함하여 추상 문법 트리^{AST, Abstract Syntax Tree} 변환을 수행합니다. AST 변환은 컴파일러가 생성한 문법 트리를 특별한 방식으로 컴파일 시간에 변경하는 기법입니다.

@canonical 애너테이션은 실제로 @ToString과 @EqualsAndHashcode, @TupleConstructor 라는 세 가지 AST 변환을 포함합니다. 각각은 이름 그대로이며 실제 내용은 다음과 같습니다.

- toString 메서드는 클래스의 완전한 이름^{Fully Qualified Name}과 그 속성의 값을 하향식^{Top down}으로 표시합니다.
- equals 메서드는 널 값에 안전한^{null-safe} 속성 검사를 포함합니다.
- hashCode 메서드는 조슈아 블로크^{Joshua Blosh}의 「Effective Java」(Addison-Wesley, 2008)에서 소개한 방식으로 정수값을 생성하는 해시코드를 제공합니다.
- 각 인자로써 속성값을 순서대로 할당하는 생성자를 포함합니다.

[예제 A−12]는 높은 생산성을 의미하는데, [예제 A−13]을 살펴보면 알 수 있습니다.

예제 A-13 Event POGO 활용

```
Event e1 = new Event(name: 'Android Studio 1.0',
    when: Date.parse('MMM dd, yyyy', 'Dec 8, 2014'),
    priority: 1)

Event e2 = new Event(name: 'Android Studio 1.0',
    when: Date.parse('MMM dd, yyyy', 'Dec 8, 2014'),
    priority: 1)

assert e1.toString() ==
    'Event(Android Studio 1.0, Mon Dec 08 00:00:00 EST 2014, 1)'
assert e1 == e2

Set events = [e1, e2]
assert events.size() == 1
```

그레이들은 앞에서 소개한 모든 기능을 활용하며 여기에 요약된 내용은 그 시작에 불과합니다.

A.7 그레이들 빌드 파일에서의 그루비

그레이들 빌드 파일은 모든 그루비 문법을 지원합니다. 이번에는 이를 보여주는 몇 가지 예를 소개합니다.

[예제 A−14]에서 apply는 Project 인스턴스의 메서드입니다. 메서드 호출 시 괄호는 선택사항이며 여기서는 생략하였습니다. 제공된 문자열로 plugin 속성을 지정합니다.

예제 A-14 그레이들을 위한 안드로이드 플러그인 적용하기

```
apply plugin: 'com.android.application'
```

[예제 A−15]에서 android는 플러그인의 DSL의 일부로 클로저를 인자로 받습니다. 클로저 안에 있는 compileSdkVersion과 같은 속성은 메서드 호출입니다. 몇몇 그레이들 빌드 파일에서 속성을 할당할 때 등호(=)를 사용하는데, 이것은 그에 해당하는 Setter 메서드를 실행한 것입니다. 안드로이드 플러그인 개발자는 종종 compileSdkVersion(23)과 setCompileSdkVersion(23)처럼 정규 메서드도 추가해놓습니다.

예제 A-15 android 블록에 속성 설정하기

```
android {
    compileSdkVersion 23
    buildToolsVersion "23.0.1"
}
```

또한, compileSdkVersion과 같이 중첩되는 속성은 닷(.) 연산자로도 설정할 수 있습니다. 두 가지는 동일합니다.

```
android.compileSdkVersion = 23
```

최신 버전 플러그인에는 그레이들 빌드 파일에 clean 태스크가 있습니다. 이 태스크는 Delete 클래스의 인스턴스(Task의 하위 클래스)로, 클로저를 인자로 받습니다. 그루비의 표준을 유지하면서 괄호 뒤에 클로저가 위치합니다.

 그루비 메서드가 클로저를 마지막 인자로 가지고 있다면 클로저는 보통 괄호 뒤에 추가됩니다.

예제 A-16 기본적인 clean 태스크

```
task clean(type: Delete) {
    delete rootProject.buildDir
}
```

이 구현에서는 rootProject.buildDir을 인자로 delete 메서드(괄호는 선택사항)를 호출합니다. rootProject 속성은 최상위 프로젝트고, buildDir의 기본값은 'build'입니다. 따라서 최상위 프로젝트의 build 디렉터리를 제거합니다. 최상위 프로젝트에서 clean 태스크를 호출하면 app 같은 하위 모듈의 build 디렉터리도 함께 제거됩니다.

[예제 A-17]에서 compile은 DSL의 일부로 compile 단계에 적용된다는 의미입니다. file Tree 메서드에는 괄호가 포함되어 있습니다(물론 빼도 됩니다). dir 인자는 로컬 디렉터리를 의미하고 include 인자는 파일 패턴을 담은 그루비 리스트입니다.

예제 A-17 파일 트리 의존성

```
dependencies {
    compile fileTree(dir: 'libs', include: ['*.jar'])
}
```

함께 보기

『Making Java Groovy』(Manning, 2013)[3]에서는 그루비와 자바에 대해서 논합니다. 또한, 그레이들을 활용한 빌드 프로세스에도 한 장을 할애하고 있습니다. 그루비에 대한 최고의 서적은 디에크 쾨니히Dierk Konig와 폴 킹Paul King의 『Groovy in Action 2판』(Manning, 2015)[4]입니다.

그루비 홈페이지 http://groovy-lang.org에서 전반적인 문서를 확인할 수 있습니다.

오라일리는 'Groovy Programming Fundamentals[5], Practical Groovy Programming[6], Mastering Groovy Programming[7]'이라는 그루비에 관한 세 개의 비디오 강의를 제공합니다. 모두 사파리 온라인[8]에서 확인할 수 있습니다.

---

3 https://www.manning.com/books/making-java-groovy

4 https://www.manning.com/books/groovy-in-action-second-edition

5 http://shop.oreilly.com/product/0636920039839.do

6 http://shop.oreilly.com/product/0636920041849.do

7 http://shop.oreilly.com/product/0636920041856.do

8 https://www.safaribooksonline.com/

그레이들 기본

이 책에 있는 레시피는 안드로이드를 위한 그레이들 빌드 파일에 관한 내용입니다. 그레이들은 강력한 빌드 도구이며 다른 프로젝트에서도 광범위하게 사용됩니다. 여기서는 그레이들의 기본에 대해서 다룹니다. 여기서 다룬 내용은 당연히 안드로이드를 위한 빌드 파일에서도 사용할 수 있습니다.

B.1 그레이들 설치하기

 안드로이드 프로젝트에서는 그레이들을 설치할 필요가 없습니다. 안드로이드 스튜디오는 그레이들을 포함하고 있으며 그레이들 래퍼도 제공합니다. 이에 관해서는 레시피 4.1에서 자세한 내용을 다룹니다.

그레이들은 한 개의 ZIP 파일로 되어 있습니다. 그레이들 웹 사이트[1]에서 최신 배포판을 다운로드하여 시작하면 됩니다. 설치 작업은 다음 순서와 같습니다.

1. ZIP 파일을 다운로드하고 압축을 풉니다.
2. GRADLE_HOME 환경 변수를 ZIP 파일의 압축을 푼 경로로 지정합니다.
3. path에 GRADLE_HOME의 bin 디렉터리를 추가합니다.

---

[1] https://gradle.org/

gradle 명령은 프로젝트 루트에서 실행하면 됩니다. 기본적인 빌드 파일명은 build.gradle이지만, 원하는대로 변경할 수 있습니다. -b나 --build-file 옵션을 사용하면 원하는 빌드 파일명을 지정할 수 있습니다.

압축 파일을 받는 대신 그레이들 래퍼를 사용해도 됩니다. 처음 사용할 때 자동으로 배포판을 다운로드하고 설치합니다. 래퍼^{Wrapper}에 대해서는 뒷부분에서 다시 소개합니다.

그레이들 빌드 파일이 그루비로 작성되어 있지만, 그레이들을 실행하기 위하여 별도로 그루비를 설치할 필요는 없습니다. 그레이들은 그 안에 그루비를 내장하고 있습니다. 설치된 그레이들에 대한 자세한 내용을 알아보려면 [예제 B-1]처럼 그레이들을 실행할 때 -v 옵션을 추가하면 됩니다.

예제 B-1 그레이들 버전 표시

```
> gradle -v

------------------------------------------------------------
Gradle 2.12
------------------------------------------------------------

Build time:   2016-03-14 08:32:03 UTC
Build number: none
Revision:     b29fbb64ad6b068cb3f05f7e40dc670472129bc0

Groovy:       2.4.4
Ant:          Apache Ant(TM) version 1.9.3 compiled on December 23 2013
JVM:          1.8.0 (Oracle Corporation 25.0-b70)
OS:           Mac OS X 10.11.4 x86_64
```

여기서 그레이들 버전은 2.12이고 그루비는 2.4.4 버전이 포함되어 있으며, Mac OS X에서 Java 1.8을 구동하고 있습니다.

B.2 빌드 라이프 사이클

그레이들 빌드는 다음 세 단계를 거칩니다.

- **초기화 단계**^{Initialization} init.gradle과 gradle.properties라는 환경 설정 파일을 읽어와 settings.gradle 파일에 포함된 하위 프로젝트(모듈)를 설정합니다.

- **설정 단계**^{Configuration} 모든 빌드 스크립트를 평가하고 태스크의 실행순서를 결정하기 위하여 DAG를 만듭니다.
- **실행 단계**^{Execution} 태스크를 차례로 실행합니다.

B.3 자바 프로젝트

그레이들 빌드 파일은 태스크로 이루어져 있으며 그 실행 순서는 DAG에 담겨 있습니다. 사용자 정의 태스크는 뒤에서 논의합니다. 그레이들은 플러그인 기반의 아키텍처이며 플러그인을 추가하면 그에 맞는 태스크와 기능들을 빌드에 적용할 수 있습니다.

안드로이드 세상 밖에서 가장 많이 사용되는 플러그인은 Java 플러그인입니다. 이 플러그인은 그레이들 배포판에 내장되어 있으므로 단지 apply 명령만 추가하면 됩니다. [예제 B-2]를 참고하세요.

예제 B-2 Java 프로젝트를 위한 가장 간단한 build.gradle 파일

```
apply plugin: 'java'
```

사실 이것이 자바 프로젝트를 위한 완전한 빌드 스크립트로, 플러그인 자체에 관련되는 수많은 태스크를 정의하고 있습니다. 어떤 태스크가 있는지 보려면 명령창으로 가서 프로젝트 루트 디렉터리로 이동한 후 tasks 태스크를 실행하면 됩니다. 실행결과는 [예제 B-3]과 같습니다.

예제 B-3 tasks 태스크 실행결과

```
> gradle tasks
:tasks

------------------------------------------------
All tasks runnable from root project
------------------------------------------------

Build Setup tasks
-----------------
init - Initializes a new Gradle build. [incubating]
wrapper - Generates Gradle wrapper files. [incubating]

Help tasks
----------
components - Displays the components produced by root project 'gradle'. [incubating]
dependencies - Displays all dependencies declared in root project 'gradle'.
```

```
dependencyInsight - Displays the insight into a specific dependency in 'gradle'.
help - Displays a help message.
model - Displays the configuration model of root project 'gradle'. [incubating]
projects - Displays the sub-projects of root project 'gradle'.
properties - Displays the properties of root project 'gradle'.
tasks - Displays the tasks runnable from root project 'gradle'.
```

이 결과는 사용 가능한 태스크의 목록은 표시하지만, 태스크들의 관계는 표시하지 않습니다. 추가 명령창 옵션을 사용하면 표시할 수 있지만, 더 손쉬운 방법으로 build 태스크를 실행해보고 어떤 태스크들이 실행되는지 알아보겠습니다. 태스크 실행결과는 [예제 B-4]와 같습니다.

예제 B-4 build 태스크 실행결과

```
> gradle build
:compileJava UP-TO-DATE
:processResources UP-TO-DATE
:classes UP-TO-DATE
:jar
:assemble
:compileTestJava UP-TO-DATE
:processTestResources UP-TO-DATE
:testClasses UP-TO-DATE
:test UP-TO-DATE
:check UP-TO-DATE
:build

BUILD SUCCESSFUL

Total time: 1.956 secs
```

:build와 같은 각 단계는 다른 태스크를 사전 조건으로 의존하고 있습니다. 플러그인은 그 의존 관계를 정의하고 그레이들은 차례로 태스크를 실행합니다. 태스크들은 DAG를 형성합니다. Gradle User Guide[2]에 따르면 자바 플러그인의 태스크 의존관계는 [그림 B-1]과 같습니다.

각 연관은 화살표(단방향을 의미)를 사용하고, 다중 관계가 있다면 순환(loop)은 존재하지 않습니다(비순환을 의미). build 태스크를 실행하면 먼저 check와 assemble 태스크가 실행되어야 합니다. check 태스크는 test를 의존하고 그것은 testClassess와 classes를 의존합니다.

---

2 https://docs.gradle.org/current/userguide/java_plugin.html

그림 B-1 자바 플러그인의 태스크 DAG

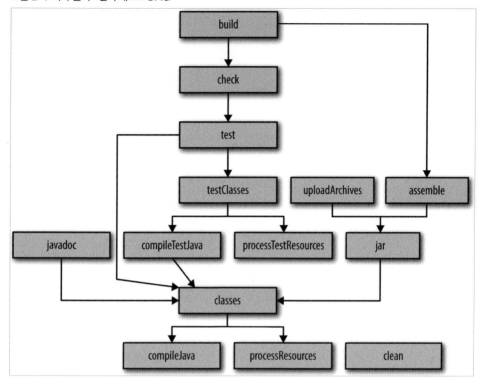

자바 플러그인은 소스 코드 디렉터리가 메이븐 표준을 따른다고 가정합니다. 테스트 코드 이외의 코드는 src/main/java에 있고, 테스트 코드는 src/main/test에 있습니다. 소스 세트를 변경하면 원하는 디렉터리를 지정할 수 있습니다.

 그레이들의 관점에서 안드로이드 프로젝트는 자바 프로젝트가 아닙니다. 안드로이드는 별도의 플러그인을 사용하고 프로젝트 디렉터리 구조도 조금 다릅니다.

B.4 저장소와 의존성

빌드 파일은 테스트를 위한 태스크를 정의하는 곳이며 테스트 라이브러리를 정의하지는 않습니다. [예제 B-5]의 빌드 파일은 기본 자바 프로젝트의 전형적인 형태입니다.

예제 B-5 저장소와 의존성을 정의한 그레이들 빌드 파일

```
apply plugin: 'java'
repositories {
    jcenter()
}
dependencies {
    testCompile 'junit:junit:4.12'
}
```

그레이들은 빌드를 위한 DSL이고, 빌드 파일의 repositories와 dependencies 블록은 DSL의 한 부분입니다. 저장소는 필요할 때 가져와서 쓸 수 있는 라이브러리의 집합이고 로컬 캐시에 저장되며, 기본 디렉터리는 사용자 홈의 .gradle 디렉터리입니다. 이 빌드 파일에서 사용한 저장소는 jcenter( )로 이것은 Bintray사의 JCenter Artifactory 저장소를 의미합니다. 다른 내장 저장소로는 mavenCentral( )이 있습니다. 이것은 공개 메이븐 중앙 저장소입니다. 빌드 파일에는 여러 개의 저장소가 추가되는 것이 일반적이며, 라이브러리를 가져올 때 지정된 저장소를 차례로 방문합니다.

dependencies 블록에는 사용하는 라이브러리를 명시합니다. 라이브러리의 그룹, 이름, 버전과 같은 정보를 입력하고 필요한 경우 별도의 의존성 설정을 할 수 있습니다. 자바 플러그인에 정의된 의존성 설정은 다음과 같습니다.

- compile
- runtime
- testCompile
- testRuntime
- archives
- default

처음 네 개는 아주 일반적인 것으로 의미는 이름 그대로입니다. 예를 들어, compile 의존성은 프로젝트 전체에서 사용할 수 있습니다. testCompile은 오직 src/test/java 소스 디렉터리에만 추가합니다. JDBC 드라이버 같은 라이브러리는 runtime으로 정의하거나 데이터베이스가 테스트할 때만 사용하면 testRuntime으로 정의할 수도 있습니다.

B.5 사용자 정의 태스크

그레이들 DSL은 확장할 수 있고 대부분 플러그인에서 제공하는 기능 외에는 별로 사용할 일이 없습니다. 하지만 시간이 지나면 모든 빌드는 사용자 정의 영역을 포함하게 되고 그레이들도 그런 상황을 지원하고 있습니다.

레시피 4.1은 그레이들 빌드에서 사용자 정의 태스크를 만드는 방법을 다루는데, [예제 B-6]과 같이 task 키워드를 사용하여 새로운 태스크를 정의합니다.

예제 B-6 Hello 태스크 만들기

```
def task {
    doLast {
        println 'hello'
    }
}
```

doLast 블록은 실행 단계에서 실행되어야 하는 동작을 정의하고, 그 외의 내용은 설정 단계에서 실행됩니다. 또한, 그레이들은 doFirst 블록을 제공하지만, 많이 사용하지는 않습니다. 좌측 시프트 연산자(<<)를 사용하면 doLast 블록을 약식으로 표시할 수 있습니다.

[예제 B-7]의 전체 태스크는 실행 단계에 동작합니다. 하지만 문법을 그냥 지나치기 쉬워서(명확하게 하려는 사람들은) 사용을 꺼리기도 합니다.

예제 B-7 사용자 정의 태스크에 좌측 시프트 연산자 사용

```
def task << {
    println 'hello'
}
```

그레이들 API에는 많은 내장 태스크가 있는데, 이것들도 사용자 정의를 할 수 있습니다. 예를 들어, [예제 B-8]은 그레이들 API에 있는 Copy 태스크를 설정하고 있습니다.

예제 B-8 Copy 태스크 설정하기

```
def copyOutputs(type: Copy) {
    from "$buildDir/outputs/apk"
    into '../results'
}
```

그레이들 빌드 파일에는 작은따옴표 문자열과 큰따옴표 문자열을 함께 사용할 수 있습니다. 큰따옴표 문자열은 치환법이 적용되고 작은따옴표 문자열은 적용되지 않습니다. 나머지는 완전히 동일합니다.

Copy 태스크에는 설정 단계에 실행되는 부분과 실행 단계에서 실행되는 부분이 모두 있습니다. 여기서는 from과 into 속성을 정의하고 태스크는 나머지를 실행합니다. 사용자 정의 태스크를 완전히 새로 만드는 것보다 지금처럼 기존 태스크를 설정하는 접근법이 더욱 효과적입니다. 이는 그레이들로 어떻게 하느냐보다는 무엇을 하느냐를 정의할 수 있기 때문입니다.

B.6 멀티 프로젝트 빌드

어떤 프로젝트의 하위 프로젝트로 그레이들 프로젝트가 올 수 있습니다. 각각은 모두 빌드 스크립트와 의존성을 가질 수 있으며 프로젝트 간 의존 관계를 설정할 수도 있습니다.

settings.gradle 파일은 그레이들 프로젝트에 포함된 하위 프로젝트를 지정합니다. 안드로이드 프로젝트의 settings.gradle 파일은 app 모듈을 포함하는데, 여기에 실제 애플리케이션 코드가 들어있습니다.

멀티 프로젝트 빌드에서 각 애플리케이션은 각자의 빌드 파일을 가질 수 있습니다. 프로젝트 간의 공통 블록을 설정하려면 subprojects나 allprojects 블록을 사용하면 됩니다. 이들은 모두 Project 클래스의 전체 인스턴스를 설정합니다. 자세한 내용은 레시피 1.1을 참고하기 바랍니다.

사실 이 책의 나머지 부분은 그레이들로 안드로이드 프로젝트를 어떻게 빌드하는지 다루고 있습니다. 이쯤에서 부록을 마치도록 하겠습니다.

함께 보기

그레이들 홈페이지[3]에서는 전반적인 문서를 제공합니다. 그레이들에 관한 책으로는 오라일리의 『Building and Testing with Gradle』(팀 버글런드와 메튜 맥컬로, 2011)[4]와 『Gradle Beyond

---

3 https://gradle.org/

4 http://shop.oreilly.com/product/0636920019909.do

the Basics』(팀 버글런드, 2013)[5]가 있으며 모두 이 책과 같은 시리즈입니다. 또한, 오라일리에서는 Gradle Fundamentals[6]와 Gradle for Android[7]라는 두 개의 비디오 강좌를 제공합니다. 모두 사파리 온라인[8]에서 확인할 수 있습니다.

---

5 http://shop.oreilly.com/product/0636920019923.do
6 http://shop.oreilly.com/product/0636920044536.do
7 http://shop.oreilly.com/product/0636920046127.do
8 https://www.safaribooksonline.com/